X

14683

ESSAI
SUR LE
PATOIS LORRAIN
DES ENVIRONS
DU COMTÉ
DU BAN DE LA ROCHE,
fief Royal d'Alsace.

PAR

LE Sʳ. OBERLIN,

Agrégé de l'Université de Strasbourg, Correspondant de l'Académie Royale des Inscriptions de Paris & Associé de celle de Rouen.

A STRASBOURG,
chez JEAN FRED. STEIN.
1775.

AVEC APPROBATION.

A MONSIEUR SCHLŒZER,

Professeur d'Histoire à Gœttingue.

Que ne fait-on pas, Monsieur, pour contenter des amis, qu'on respecte ? Pendant le séjour, que vous fîtes chez nous en 1773, vous avez entendu parler du Comté du Ban de la Roche, fief Royal d'Alsace, situé sur les frontières de Lorraine, dont Sa Majesté a investi Mr. le Baron de DIETRICH. Une méthode assez ingénieuse observée dans les écoles pour l'instruction & la culture de la jeunesse dudit Comté, a excité votre attention. Vous avez demandé d'en avoir une idée, qu'il m'a été d'autant plus facile de Vous donner, que l'une des deux paroisses est desservie par mon frère.

Un petit recueil d'observations, que j'avois faites sur la langue, dont on se sert au Ban de la Roche, vous parut en même temps de quelque utilité. Amateur des langues & de leur rapport, Vous jugiez, qu'il seroit avantageux, que l'on fît des recherches ultérieures sur le Patois en général & sur celui de ces contrées en particulier, & que pour cet effet on imprimât en attendant ce petit essai. Vous me l'avez demandé, Monsieur, à plusieurs reprises; c'est pour me rendre à Vos instances, que je viens de le mettre sous la presse. Il faut voir, si le public en jugera aussi favorablement que Vous. J'espère au moins, qu'on aura quelque indulgence pour les méprises & les fautes, qui se sont glissées dans ce traité. Ce badinage, tout badinage qu'il est, m'a conduit sur un chemin, qui n'étoit ni frayé ni battu.

Si par hazard l'explication des mots,

que je donne, pouvoit servir à l'intelligence de quelque titre ancien, ou de quelque auteur du moyen âge, elle contribueroit par-là quelque chose à la fin, que s'est proposée l'auteur du Vocabulaire Austrasien. Peut-être encore ferai-je naître à quelque génie, plus fécond & plus philosophe que le mien, l'idée de rectifier cette comparaison des langues vulgaires & de pousser plus loin l'examen de leur rapport.

Au reste, Monsieur, cet essai s'est tenu dans les bornes, qui nous sont prescrites dans notre patrie, où c'est toujours beaucoup de trouver quelqu'un, qui daigne se charger de nos productions. Chez Vous c'est autre chose.

> Vos a trop bin è vote aise;
> On n'a mi dchî nos,
> Biai Sire, ne vos depiaise,
> Asi bin, qu'on a dchî vos.

Chap. I. Du Patois en général & de celui de Lorraine des environs du Ban de la Roche en particulier.

Chap. II. Echantillons du vieux langage François de différens fiècles.

Chap. III. Echantillons de Provençal, Gafcon, Bourguignon & Lorrain.

Chap. IV. Ebauche d'une Grammaire Patoife pour le Ban de la Roche.

Chap. V. Echantillons du Patois Lorrain de ces contrées.

Chap. VI. Gloffaire Patois & Index François.

CHAP. I.
DU
PATOIS EN GÉNÉRAL
ET DU LORRAIN
DES ENVIRONS DU BAN DE LA ROCHE
EN PARTICULIER.

S'IL étoit question de donner une description détaillée des différens patois, qui distinguent les provinces du Royaume, il faudroit pour la faire, qu'il y eut une Académie formée par des sçavans de chaque province & des gens en même temps de la plus basse extraction & du commun. Il faudroit, par un assemblage assez plaisant, que les professeurs & les paysans, les grammairiens & les crocheteurs tins-

A

fent des féances bien fréquentes pour fixer les nuances & les principes des nuances, qui font varier le langage d'un village à l'autre, d'une ville à l'autre, de province en province. Et je ne fais, fi les recherches, qu'on feroit, ne meneroient pas à des découvertes affez intéreffantes, & fi, comme dit l'Italien, le jeu ne vaudroit pas la chandelle. Mais, fans courir après ce fantôme, il nous fuffira pour le préfent de faire quelques réflexions fur la nature du patois en général & du Lorrain des contrées mentionnées en particulier.

Il n'y a pas de pays, où l'on parle une langue cultivée, qui n'ait auffi fon patois. Le menu peuple, les payfans, les artifans, les gens réduites à gagner leur pain au manœuvre gardent des fiecles entiers le langage groffier de leurs ancètres, fans fe foucier des raffinemens, dont les gens de lettres & le beau monde s'efforcent toujours d'embellir la langue du pays. C'eft ainfi, que, pour donner un feul exemple, que ma patrie me fournït, le patois allemand de Strasbourg ne diffère guere du langage qu'on trouve dans des livres & des titres & des actes publics des quatorze & quinzième fiecles. Qu'on compare les preuves des témoins dans le fameux procès de Jean Guttenberg, inventeur des caractères mobiles, (que M^r.

Schœpflin a fait imprimer) qu'on en compare, dis-je, le langage avec celui de notre patois d'aujourd'hui, & l'on sera convaincu de la vérité de ce que j'avance.

La culture de la langue, la fréquente lecture de bons écrits même parmi le menu peuple n'a pas été en état d'apporter un changement considérable dans cet objet. Qui plus est, cette même culture, cette même lecture ne rapproche pas même le langage des différens cantons d'une province. L'Alsace nous en fournit une preuve évidente. Nous en sommes ici à Strasbourg à peu près au centre. Plus on remonte le pays vers la Suisse, plus le langage Allemand devient gras & grossier, plus on le descend vers le Palatinat, plus le patois même s'épure & s'amollit. Et quand on feuillete les actes publics des siecles passés, l'on voit, que ç'a été à peu près de même.

La langue Allemande n'a rien de particulier à cet égard; les autres & nommément la Françoise se trouvent dans le même cas. Le patois des différentes provinces de la France, fort différent en lui même, remonte, quant à son origine, partout aux changemens, que la langue Latine, introduite autrefois dans les Gaules par les Romains & corrompue ensuite en rustique & Romance, eut à essuyer depuis le onze-ou douzième siecle environ. Pour nous en tenir aux provinces méridionales, le Gascon, le Provençal, le Bourguignon, le Lorrain &c. s'est conservé depuis plusieurs siecles à peu près dans le même état. Le beau François s'est purifié peu à peu par la culture de la cour & des écrivains, sans que les patois aient été beaucoup altérés. C'est en vain, qu'on se proposeroit de déraciner le jargon populaire; les sçavans l'apprendroient plutôt que les paysans & gens de métier ne sauroient s'en défaire. Ajoutons, que parmi le beau sexe l'on trouve presque partout des zélés partisans du patois de chaque canton.

Ces réflexions générales nous aideront à établir quelques maximes, qui regardent plus particulièrement le patois Lorrain & surtout celui du ban de la roche. Les voici :

1. Le fond de ce patois est le vieux langage François du douzième siecle environ, que des gens occupées continuellement au labour ne se sont pas avisées de changer contre le François, qui s'est purifié par degrés.

2. Il s'est glissé dans ce patois par la succession des temps beaucoup de corruptions, effets de l'ignorance & de la paresse.

Ajoutons une troisième, c'est que le commerce avec les voisins, Suisses & Allemands, & la demeure, que des colonistes de ce voisinage y ont fixée, ont enrichi ce patois de mots, de phrases, de tournures & en a même altéré la prononciation.

Pour mettre nos Lecteurs dans le cas de juger d'eux-mêmes de la vérité de ces trois points, nous allons donner avant toutes choses des échantillons du langage François des siecles passés depuis le neuvième.

Nous offrirons ensuite aux amateurs quelques morceaux exquis, tirés des auteurs, qui ont écrit en Provençal, Gascon, & Bourguignon. Par ces passages & les échantillons précédents l'on verra en même temps la différence de la *langue d'Oc* & de la *langue d'Oil ou de Oui*. La premiere se parloit, comme l'on sçait, au delà de la Loire & étoit appellée encore la *Catalane*; la seconde, nommée aussi la *Françoise*, étoit celle des peuples, qui habitoient depuis la Loire jusqu'en Picardie. J'insérerai parmi les poësies Provençales une jolie petite strophe, qui compare les nations de la *langue d'Oc* avec celles de la *langue d'Oil ou de Oui*, pour donner à celles-ci la préférence sur celles-là. Au reste, la différence entre les deux langues, quoique grande dans les siecles passés, n'a pas été cependant si sensible qu'elle l'est aujourd'hui; on en trouvera la preuve plus bas.

A 3

Le Bourguignon sera suivi de quelques morceaux du patois Lorrain du coté de Luneville & de Metz. Après quoi je préparerai mes lecteurs à l'usage du patois du canton, dont il est proprement question ici, par les observations, que j'ai eu occasion de faire avec quelques amis sur la nature de ce langage. Je les ai rangées dans un ordre, qui leur donne la mine & l'air d'une Grammaire Patoise.

Suivront des échantillons du patois du ban de la roche de toutes sortes; dialogues, histoires, fables, lettres. proverbes, chansons.

Le glossaire patois, mis à la suite de ces pièces, servira à expliquer les mots & à en démontrer l'origine. Je ne me mèle point à cette occasion de la fameuse controverse, qui partage les savans sur l'origine des langues, qu'on parle dans cette partie occidentale de l'Europe. Sans me soucier, si M^r. *Bullet* (1) a bien fait d'appeller du nom commun de Celtique la langue Basque, le Bas-Breton & le Gal-

---

(1) Dans ses Mémoires sur la langue Celtique. fol. III T. à Bef. 1754-1760. ouvrage d'une erudition immense, pour l'usage duquel il seroit à souhaiter, qu'il y eut à la fin un bon index François.

lois, ou si M*r*. *Schlœzer* (2) distingue avec raison ces trois langues de toutes les autres autant que d'entre elles mêmes, je me contenterai de montrer l'usage moderne du langage patois fondé sur celui de la langue Françoise des siecles précédents, & d'indiquer les rapports, que les mots patois hors d'usage aujourdhui dans le François ont encore à certains termes, qui se trouvent dans le Provençal, le Gascon, le Bas-Breton, le Gallois, l'Allemand, le Suisse &c. Si je me sers du nom de Celtique dans ces étymologies, je fais allusion à l'hypothèse de M*r*. *Bullet* sans l'adopter. Car, quoiqu'il en soit de la conformité du Basque, du Bas-Breton & du Gallois que M*r*. *Schlœzer* (3) nie tout à fait, il est palpable, que les sçavans sont trop partagés sur l'idée à attacher au nom des Celtes, pour qu'on puisse espérer jamais de

---

(2) Dans son *allgemeine Nordische Geschichte* (histoire universelle du Nord) 4. à Halle 1771.

(3) Je ne puis cacher cependant, que le Bas-Breton & le Gallois me paroissent venir de la même source. Les mots se ressemblent pour la plus part & les deux nations se parlent sans interpretes. Voyez la préface du Dictionnaire de la langue Bretonne de Dom *Pelletier*. Peut-être M*rs*. *Pezron*, *Leibniz*, *Bullet* &c. auroient-ils pu prévenir cette dispute, si au lieu de langue Celtique ils l'avoient appellée la Gauloise ou autrement.

A 4

convenir d'une langue Celtique. A la vérité on a cherché cette dernière selon les différens systèmes dans le Gallois, le Basque, le Breton, l'Anglo-Saxon, le Hollandois, le Suédois &c. (4)

Mais enfin, pour revenir à notre plan, un index de mots François rendus en patois fera la clôture de ce traité.

---

(4) v. le passage cité de M^r. *Schlœzer*.

CHAP. II.

ECHANTILLONS
DU VIEUX LANGAGE FRANÇOIS
DE DIFFÉRENS SIECLES.

IL me paroit être d'une nécessité indispensable de donner tout d'abord des échantillons de la langue Françoise, telle qu'elle se parloit depuis le neuvième siecle. Je n'ignore pas, qu'alors on parloit encore la langue rustique, du Latin corrompu, & que le François n'a commencé à se former que peu de temps avant S. Bernard (1), mais je pense, qu'il ne sera pas hors de propos de montrer un entre-deux d'un temps antérieur, & qu'on me permettra de prendre pour un moment la langue Françoise dans un sens tant soit peu plus étendu.

---

(1) v. la Dissert. de Mr. *l'Evesque de la Ravalière* sur les révolutions de la langue françoise, qui se trouve à la tête des poësies du Roi de Navarre.

SERMENT EN LANGUE ROMANCE
prononcé par Louïs le Germanique
& les sujets de Charles le Chauve
l'année 842, à Strasbourg.

v. Alsatia Illustrata T. I. p. 811.

Serment du Roi.

Pro Don amur, & pro Christian poblo, & nostro commun salvament, dist di en avant, in quant deus savir & potir me dunat, si salvarai eo cest meon fradra Karlo, & in adjudha & in cadhuna cosa, si cum hom per dreist son fradra salvar dist ino quid il imi altre si faret, & ab Ludher nul plaid nunquam prindrai, qui meon vol cist meon fradre in damno sit.

Serment des sujets.

Si Loduuigs sacrament, que son fratre Karlo jurat, conservat, & Karlus meo sendra de suo part non los tenet, si jo returnar non lint pois, ne jo, ne neuls cui eo returnar nit pois, in nulla adjudha contra Lodhuwig nun li iver.

※ ※ ※

Je profite de l'occasion, pour donner tout de suite trois traductions de cette pièce.

Romance du IX. siecle.

Traduction en Gascon d'aujourd'hui.

Per Dieou amor & per lou Christian pople & nostre commun salvament, dessé jour en avant, en tant que Dieou sabé & poudé me dounat, se sauvarai aquesté mieou frairé Carlé & en ajudo & en caduno caulo, se commo on per drét son frairé, souva deu, emo quiquon el me autré si farié, & à Lothaire nul plais oncques prendrai, qué à aquesté mieou frairé Carlé in damn sié.

Sé Louis lou carment, que à soun frairé Carlé ajurat, conservo, & que Carlé mon seniou de sa part non lou tenié, se iou destournar non lou poi, ni ieou ni degus, qué ieou destournar en pioisso en nullo ajudo contro Louis non li iren.

Traduction en patois Lorrain.

Por Due aimoue & por lou Chretien peuple & noëtre commun favement da ci en aivent à tant que Duë lou sçaivois & lou pouvois me deneré, ce saverai-je mon fraire Karlot & en l'aidant & en chaique chose, tout comme in homme par droit son fraire savai dait, ouy que me achi lu atre feret, & de Lothaire acun plaid y ne preindrai, que ai ma velentay ci mon fraire Karlot pouïai eter en dam.

Si Louis lou ferment que son fraire Karlot ai jurié conferve, & Karlot mon chire de sai pai ne lou tint, ſi ne lou po detouenai ne io ne gnun que lou detournai pos en acune aide contre Louis y ne vierai.

Traduction Françoiſe.

Pour l'amour de Dieu & pour le ſalut du peuple Chrétien & le notre, des ce jour en avant, autant que Dieu me donnera ſavoir & pouvoir, je ſauverai mon frère Charles, que voilà, en le ſecourant & en toute choſe, tout comme un homme de droit doit ſauver ſon frère, à moins qu'il ne ſe comportat autrement envers moi, & avec Lothaire je ne ferai aucun accommodement, par lequel mon frère que voici, puiſſe ſouffrir du dommage.

Si Louis tient le ferment, qu'il a juré à ſon frère Charles, & que Charles mon ſeigneur ne le tient pas de ſon coté, ſi je ne puis le détourner, ni moi, ni aucun autre, je n'irai aucunement à ſon ſecours contre Louis.

Au reſte il y a une belle Diſſertation ſur le langage de ce ferment par Mr. *Bonamy* dans le XXIV tome des Mémoires de l'Academie des Inſcriptions page 603.

TRADUCTION DU SYMBOLE
ATTRIBUÉ A ST. ATHANASE.

Tirée d'un ancien MSC. de S. Bernard.
Spect. de la Nat. T. VII. p. 247.

Kikumkes vult falf eftre (1), devant totes chofes befoing eft qu'il tienget la commune fei (2).

Laquele fi caskun (3) entiere é neent malmifme (4) ne guarderats, fans dotance (5) pardurablement perirat.

Icefte eft à certes la commune fei, que uns Deu en Trinitet é la Trinitet en unitet aorums (6).

Ne mie (7) confundanz le perfonnes, ne la fubftance defeuranz (8). Altre eft à decertes la perfonne del Perre, altre del Fils, altre del faint Efpiriz.

Mais del Perre é del Fils é del faint Efpiriz une eft divinitet, oele (9) gloire, pardurable Majeftet.

Quels eft li Perre, tels eft li Fils, tels li faint Efpiriz.

---

(1) Quiconque veut être fauvé &c. (2) foi. (3) chacun. (4) *non male miftam*, fans mauvais mélange, inviolable. (5) fans doute. (6) nous adorons. (7) pas. (8) divifant. (9) *aequalis*, pareille.

Neent criez (10) eſt li Perre, neent criez... Granz eſt li Perre, granz...

Pardurables li Perre, pardurables li...

Nequedent (11) ne ſunt mie treis pardurables, mais un pardurable.

Si cum ne ſunt treis nient criez, ne treis granz, mais....

Enſement (12) treſtut poant (13) li Perre, treſtut....

E nequedent ne ſunt tres treſtut poant, mais un treſtut poant.

Iſſi faiterement (14) Deus eſt li Perre, Deus eſt li Fils, Deus li ſainz Eſpiriz.

É nequedent ne ſunt treis Deus, mais uns Deus eſt &c.

---

(10) *pas créé.* (11) *nec tamen*, & cependant. (12) *inſimul*, ſemblablement. (13) tout-puiſſant. (14) Ainſi réellement.

Romance du XI. siecle.

TRADUCTION DU LIVRE DE JOB.

Tirée d'un MSC. du Chapitre de Paris.

v. Recherches de M^r. le *Beuf* sur les plus anciennes traductions en langue Françoise dans les Mem. de l'Acad. T. XVII. p. 720.

Un hom estoit en la terre Us, ki out (1) nom Job. Parce (2) est dit, u (3) li Sainz hom demoroit (4), ke li merites de sa vertut soit expresseiz. Quar ki ne sachet (5) que Us est terre de paiens & la paienie (6) fut en tant plus enloié (7) de visces, ke de n'out la conissance de son faiteor (8). Dunkes dict lom (9), u il demorat, par ke ses loi (10) creisset (11); cant il fut bons entre les malvais (12) &c.

---

(1) eut. (2) pour cela. (3) où. (4) demeuroit, (5) sait. (6) le paganisme (7) *inligatus, illigatus*, lié, garotté. Dans le Vocab. Austrasien il y a *alloiances* pour alliances. (8) créateur. (9) Donc (pour cela) dit-on. (10) *laus*, louage. (11) croissoit. (12) mauvais.

TRADUCTION DES LIVRES DES ROIS,
AVEC DES GLOSES.

Tirée de la Bibliotheque des R. P. Cordeliers de Paris.
v. Biblioth. Sacra du Pere le Long. P. II. p. 30.

I SAM. I, 3-20.

A ceſt lieu ſervir furent dui pruveire a titele (1); Ofni e Phinees, fiz furent Hely, ki dunc (2) ert (3) evefche (4) e maiſtre principals. Et a un jur avint que Elchana fiſt ſacrefife (5), e ſelunc (6) la lei (7) a ſei (8) retint partie, partie dunad (9) a ſa cumpaignie, e a Anne ſa muiller (10), que il tendrement amad (11), une partie denad, ki forment ert deshaitte (12), kar Deu (13) ne li volt encore duner le fruit defired de fun (14) ventre. Et Fenenna ico (15) li turna a repruce (16), e acuſtumeement len atariout (17) e amerement

---

(1) à (pour) ſervir ce lieu furent deux prêtres à titre. (2) qui alors, *dunc*, donc, du Latin *tunc*. (3) *erat*, étoit. (4) évéque. (5) ſacrifice. (6) felon. (7) la loi, du Latin *lex*, *legis*. (8) à foi du Lat. *ſe*. (9) donna, *donavit*. (10) femme, du Lat *mulier*. (11) aimoit, du Lat. *amabat*, *amavit*. (12) fortement étoit . . (ſtérile). (13) Dieu. (14) ſon. (15) cela, du Latin *is*, *id*. Dans la ſuite on en a fait *icelui*. (16) reproche. (17) . . . .

rement rampodnout (18). Et la benu-
ree (19) Anna nen out retur (20), mais
un dulcir (21) plurer (22) & viande de-
porter (23). Siz mariz Helchana le arei-
funa (24), fi li dift. Pur quei plures (25),
pur quei ne manjues & pur quei eft tis
quers en triftur (26)? dun nas tu mamur:
dun nas tu mun quers (27), ki plus te
valt, que fi ouffes (28) dis enfanz? Anna,
puisque (29) ele out mangied & beud, le-
vad (30); & al fucurs Deu requerre tut
fun quer turnad (31). Vint fen al taber-
nacle, truuad levefche Hely al entree, ki
affis iert, quil as alanze e as venanz parole
de falu muftraft (32). La Dame fift a Deu
funt prefent & fa oblatiun, fon quer me-
me chaldes lermes (33), acuragee urei-

---

(18) ramponna, la querella. En Gafcon
rampougna fe dit pour querelle. (19) la bienheu-
reufe. (20) n'en eut retour, ne s'en vengea pas.
(21) doux, du Lat. *dulcis*. (22) pleurer. (23) elle
eut un dépériffement, en Allem. *fie nahm am
Fleifche ab*. (24) raifonna avec elle. (25) pour-
quoi pleures-tu. (26) ton cœur en trifteffe.
(27) peut-être: n'as-tu donc pas mon amour?
n'as tu pas mon cœur? (28) fi tu euffes. (29) après
que. (30) Ces terminaifons *d* ou *t* fe trouvent en-
core en Gafcon, où l'on dit *perdut, donnat, cam-
biat*, comme l'on verra plus bas. (31) elle tour-
na tout fon cœur à requérir le fecours de Dieu.
(32) auquel elle montra (donna) parole de falut
(qu'elle falua) en allant & en venant. (33) chau-
des larmes.

fun (34), & en cefte baillie. Sire merciable, Sire Deus puiffanz des hors banis (36) & des champiuns (37) cumbatanz, fi fuft tun plaifir, qui veiffes ma miferie & ma affliction, & tei membraft (38) de mei la tue ancele (39), que par ta pitie deuffe (40) fiz, durreie (41) le tei a tun fervife, & rafur (42) ne li munterad le chief (43), mais tuz dis a tei iert a decid. (44) [*Auctoritas* (45). Ufages ert en cele lei (46), fe alcuns par vud (47) a Deu fe facraft, tant cum (48) cel vud li durreit: rafur le chief ne li muntereit.] La Dame en fa preere demurad, fes levres mout (49), li quers parlad rant (50), que li evefches le fguardad (51), & pur ivre lentercad (52), e fi (53) li dift. Va bone femme a tun oftel dormir, fi te defeniveras (54) par le dor=

---

(34) courageufe oraifon, prière fervente. (36). (37) guerriers courageux. (38) & que tu te fouviennes, ou qu'il te fouvienne. Les Italiens difent encore *rimembrare*. (39) fervante, du Lat. *ancilla*. (40) tu donnaffes, *dares*, *dediffes*. (41) je donnerois, *darem*. La terminaifon êft auffi Lorraine; on difoit *je fereuïe*, pour je ferois. v. le Vocab. Auftras. p. 154. (42) le rafoir. (43) la tête. (44) . . . (45) glofe. (46) loi, *lex*. (47) voeu, *votum*. (48) tant que. (49) mouvoit. (50) *rant* peut-être pour rien; ou faut-il lire *tant*, tant que l'evêqué. (51) la regarda. (52) . . . . . (53) ainfi. (54) défenivreras.

Romance du XI. siecle. 19

mir. Repundit Anna, ne me tient fi, nai beu ne vin ne el (55), par unt lum fe poiffe enivrer (56). Ne me tenez pur fille belial, kar fobre fui & en anguiffe e en plur, a Deu ai reveled mun duel (57). [Belial (58) co eft fenz iu (59). e cil funt fiz belial, qui turjurs tirent vers le mal, oftent le ju (60) de la lei Deu & de vice en altre cancelant (61), lur criatur atariant.] Dunc refpundi li evefche Hely. Va bone femme as veies (62) Deu, Deu, ki de tut bien faire adpoefte (63), furniffe en grace ta volenté. La Dame haitée (64) fen parti. La chere puis ne li chai (65). Od (66) fun Seignur Deu le matin aurat (67), puis a fa maifun returnad. Deus out fa ancele en remembrance: toft conceut, & out enfant, graces rendit al enfanter (68), & Samuel le fift numer (69).

---

(55) *el* peut-être pour *ce*, du Latin *illud.* où feroit-ce un mot ancien, qui fignifie *bière.* En Anglois on l'appelle *ale* & l'on prononce *aile.* (56) par où (du Lat. *unde*) l'on puiffe s'enivrer. (57) mon dueil, ma douleur. (58) Glofe fur le mot *belial.* Car *Relial*, comme on lit dans Le Long eft certainement faux. (59) fans joug. (60) le joug, du Lat. *jugum.* (61) chancelant. (62) il faut lire peut-être, *as peies Deu* pour *en paix de Dieu.* (63) peut. (64) à la hâte. (65) v. la note (23). (66) à fon S. (67) elle adreffa fa prière, *oravit.* (68) lorfqu'elle accoucha. (69) nommer.

L'on observera dans ces pièces le vrai Romance; les mots Latins à peine encore changés & Francisés; les verbes pour la plupart encore sans les personnes *tu, il, nous, vous, ils*; & les noms souvent sans articles; le verbe mis à la fin des périodes selon les regles de l'élégance Latine. On verra dans les échantillons suivans, que ces tours & ces constructions se sont changées par degré & peu à peu, & qu'il a fallu bien du temps & la suite de plusieurs siecles pour donner au langage François l'empreinte de son caractère actuel.

François du XII. siecle.

SERMON DE S. BERNARD

tiré du Mémoire de Mr. *Duclos* sur l'Origine & les Révolutions de la langue Françoise, dans les Mém. de l'Acad. T. XVII. p. 181.

Le MS. est à la Bibl. des Feuillans à Paris.

Ci commencent li sermon Saint Bernars, kil fait de lavent (1) & des altres (2) festes parmei l'an.

Nos faisons vi chier (3) freire, l'encommencement de l'avent, cuy nous est asseiz renomeiz & connis al munde, si come funt li nom des altres solempniteiz. Mais li raison del nom nen est mies par aventure si conue. Car li chaitif (4) fil d'Adam n'en ont cure (5) de veriteit, ne de celes choses, ka lor falueteit (6) appartiennent, anz quierent (7) icil les choses défaillans & trespessaules (8). A quel gent ferons nos semblans les homes de ceste génération, ou à quel gent ewerons (9) nos ceos (10), cui nos veons (11) estre si ahers (12) & si enracineiz ens terriens solas (13) & ens corporiens, kil departir ne s'en puyent &c.

---

(1) l'avent. (2) autres. (3) cher. (4) chétif fils. (5) soin, du Lat. *cura*. (6) salut. (7) cherchent, du Lat. *quaero*. (8) quasi *transpassabiles*, qui passent. (9) *aequabimus*, jugerons nous être semblables. (10) ceux. (11) voyons. (12) *adhaerentes*, attachés. (13) consolations.

FRAGMENT D'UNE TRADUCTION DE LA PASSION DE N. S. SELON S. MATTHIEU

tiré d'un MS. de la Bibliothèque de M. le Card. de Rohan.

Mém. de l'Acad. T. XVII. p. 725.

Cette pièce eft d'autant plus remarquable, que c'eft l'ancien Lorrain, la traduction aiant été faite pour les Diocéfains de Metz vers l'an 1198.

Dons encommencerent (1) li alquant (2) fcupir (3) en lui, & cuverre (4) fa face, & batre à coleies (5), & dire à lui, devyne : & li miniftre lo battoient à facicies (6). Et quant Pieres étoit en la cort (7) de lez (8), fe vint une des ancelles (9) lo foverain Preftre; & quant ille ot (10) veut Pieron, ki fe chafieuet (11) al feu, fe lefvui ardeit (12), & le dift (13) à lui : Et tu eftoies avoc (14) Jehu de Galileie. Cil def-

---

(1) en Italien on dit encore *incominciare*. (2) quelques-uns, *aliqui*. (3) cracher, peut-être de *fpuere* par une transpofition d'ignorant. (4) couvrit. (5) foufflet de *colaphus*. (6) à faifceaux, *fafcibus*. (7) cour. (8) de là, plus bas il y a *lai*. (9) fervantes, *ancilla*. (10) elle eut. (11) chauffoit. (12) fe leva.. (13) dit. (14) avec, ne feroit-ce pas du Latin *ab hoc* — comme chez Terence „ ab Andria eft ancilla haec.

noieit (15) davant toz & fe dit; ne ni fai ne ni nentent ce ke tu dis. Si uffit (16) fuers (17) davant la cort: fe chanteit li jas (18). Lo parax (19) quant une altre ancele lot veut, fe dift à ceos (20), ki lai encor efteivent (21), car (22) cift e de ceos. Lo parax un petit après diffent à Pieron cil ki lai efteivent, vraiement tu es de ceos; car tu es auffi Galileus. Et cil en- commençoit excommunier (23) & jurier ke ju ne fai ke (24) cift (25) hom foit ke vos dites. Maintenant lo parax chanteit li jas : [car es ta parole te fait apariffant] fe recordeit (26) Pieres la parole Ihefu.

---

(15) dénioit, renioit. (16) fortit. (17) de-hors. (18) *gallus*, le coq. (19) pareillement. (20) ceux. (21) étoient. (22) lifez *cas* pour encore, auffi. (23) faire des imprécations. (24) qui. (25) cet. (26) fe reffouvient, de *recordari*.

CI AT UNE LEIEÇON DE L'APISTLE (1) SAINT PAUL,

kil fift as Hebreus, & l'efpofition Haimon, cum leift (2) lo Diemenge davant les Palmes.

Mém. de l'Acad. T. XVII. p. 726.

Freire, Criz (3) eftant Eveskes des biens kavenir eftoient plus granz & plus parfetz tabernacles ne miez faiz par main, c'eft ne mies de cette creation. Li (4) Eveskes des gens ki entreivet (5) une fole fiere en lan (6) a tot fans dedanz lo voile el faintuaire, por orer (7) por lo peule (8) fignifie ciet. Crift, fi cum il eft ja (9) manifefteit en pluifors leus (10), ki par lo fanc (11) de fa paffion defarmeit lo ciel, fentreit ens fecreiz (12) del celeftial pais, où il eftat (13) or (14) davant la face de Deu le pere priant por nos. Eveskes des biens kavenir eftoient, lape-

---

(1) Ceci eft une leçon de l'Epître, *Epiftola*. (2) qu'on lit. (3) Chrift. (4) Ici commence le Commentaire de Haimon, ou plutôt Raimon. (5) entroit. (6) une feule fois l'année. (7) prier, *orare*. (8) peuple. (9) déja. (10) en plufieurs lieux. (11) le fang. (12) eft entré dans le fanctuaire, *facrarium*. (13) *ftat*, il eft, il fe tient debout. (14) à cette heure, du Lat. *hora*.

let om (15) en dou (16) manieres. En icel temps difoit Ihefus as torbes (17) des gens & as Princes des Preftes, liquels de vos m'arguerat (18) de pechie . . . . .
Puiske notre Sire ot les gens convaincus, & il ot moftreit, kil eftoient fil del diaule (19), & il dift; li diaules eft voftre peires, & vos voloiz faire les defiers (20) de votre peire: & puifqu'il lor moftreit en celle mifmes (21) hiftoire de foi, que li noblefce de la char ne valt (22) ou li noblefce del cuer falt (23), pourceu kil fe glorificuent (24) de la noblefce de lor paraige (25) ; & il difoient : Fil Abraham fons (26), ne fervimes onkes (27) nului (28): fe dit après; voir voir (29) vos dit, car (30) tuit cil (31) ki fons lo pechiet, funt ferf del pechiet.

---

(15) l'appelloit-on. (16) deux. (17) troupes, du Latin *turba*. (18) m'arguera. (19) diable. (20) vous voulez faire les defirs. (21) en cellesmême, les Efpagnols difent encore *mifmo*. (22) vaut. (23) faut. (24) glorifioient, *glorificabant*. (25) parenté. (26) nous fommes. (27) jamais, *unquam*. (28) à perfonne. (29) du Latin *vere*, *vere*, certes, certes. (30) lifez *cas*, encore. (31) tous ceux, qui ——

SERMON DE MAURICE ÉVÊQUE DE PARIS EN 1180

d'un MS. du Chapitre de Sens.
v. les Mém. de l'Acad. T. XVII. p. 722.

Segnor Prevoire (1). Ceste parole ne fut mie folement (2) dite a monfegnor Saint Pierre. Quar & à nos fu ele dite autfi, qui fomes ellui (3) de lui el fiecle & qui avons les oeilles (4) Damediu (5) à garder ; co eft fon puple (6) à governer & à confeillier en ceft fiecle ; & qui avons à faire le fuen (7) meftier e terre de lyer les anmes (8) & de deflyer & de conduire devant Deu. Or devomes (9) favoir de nos meifmes conduire devant Deu & cely que nos avons à confeillier. Si (10) nos befoigne avoir trois cofes : la premeraine chofe fi eft fainte vie : la fecunde eft la fcienfe, qui eft befoignable al prevoire à foi & à autrui confeillier : la tierce eft la fainte prédications, par coi ly preftres doit rapeler le puple de mal à bien. . . . .

---

(1) Prêtres. (2) pas feulement. (3) élus. (4) ouailles. (5) *Domini Dei*, du Seigneur Dieu. (6) peuple. (7) du Latin *fuus*, fien. (8) du Lat. *anima*, ame. (9) du Lat. *debemus*, devons. (10) ainfi.

SERMON,

tiré de la Bibliothéque de S. Victor de Paris.
v. Spect. de la Nat. T. VII. p. 227.

Enſi devons nos fere quant nos veont (1), que li peichierres ſe repent angoiſſoſement & il en a ploré & promet fermement qu'il ſan gardera, ne qu'il james ni en charra (2). Lors devons nos entendre, que Dex (3) velt que nos laſſoillons (4) & doignons penitence, & ſe il dit, Sire je ſui en ceſt peichié, mes je ne puis ne no voil guerpir (5) encores, ſi le devons eſpoanter & giter de ſon peichié ſe nos poont : & ſe nos ne poons, ſi le devons laiſier aler ainſi com il i vint. Fors (6) tant que nos li devons dire que, ſil eſt prit en ſon peichié mortel ou criminel, il eſt dampnez ſans redemption.

---

(1) nous voyons. (2) n'y tombera, de cheoir. (3) Dieu. (4) l'aſſaillions, l'exhortions. (5) quitter, y renoncer. (6) hors, ſi non que.

Nos creons la fainte Trinité, lo Pere & lo Fils & lo faint Efperits. Nos creons li Peres & li Fiz & li fainz Efperiz eft uns Dex tot poiffant & perdurable. Nos creons que Dex li Peres anfamble, o le Fils & o le faint Efperit fit lo ciel & la terre & totes chofes de neiant (7). Nos creons bien, que li fis prift char (8) en la Vierge Marie, & qu'il foffri paffion & liens Pilate (9), & qu'il morut en crois por home traire de la poefte au Deable (10), & qu'il fu mis ou fepulcre, & au tiers jor (11) refufcita de mort à vie, & qu'il monta el ciel, & qu'il fiet à la deftre de fon pere, & qu'il vendra au jor de joiffe (12) jugier les vif & les mors & rendra à chafcun ce qu'il aura defervi. Nos creont, que li faint Efperis eft aorez & glorifiez avec lo Pere & o le Fils. Nos creons au fainte Iglife & en faint baptefme. Nos creons la refurrection do cors au jor do joiffe, & la bone créance fi eft amer (13) fon proifme (14) veraiment.

---

(7) néant. (8) chair. (9) liens de Pilate. (10) *de poteftate diaboli*, de la puiffance du diable. (11) au troifième jour. (12) juftice. (13) aimer. (14) prochain.

François du XII. siecle.

Sire pere, qui es ès ciaux (15), sanctifiez soit li tuens (16) nons, avigne li tuens regnes, soit faite ta volanté, si comme ele est faite el ciel, si soit ele faite en terre. Nostre pain de chascun jor nos done hui, & pardone nos nos messais (17), si comme nos pardonnons àços (18), qui messait nos ont. Sire ne soffre, que nos soions tempté par mauvesse temptation, mes Sire delivre nos de mal.

En trestotes les paroles & les proieres, qui onques furent dites, (ou) commandées en terre, si est la plus sainte & la plus digne & la plus haute la Pater nostre . . .

___

(15) cieux. (16) du Lat. *tuus*, tien. (17) péchés. (18) ceux.

LES SEPT HEURES DE LA PASSION

tirées d'un très-beau manufcrit de S. Victor de Paris.

v. Spect. de la Nat. T. VII. p. 216.

Jou (1) ai a nom (2) H... qui le ditier (3) a fait,
Dittes, Dieus me pardoinft de quanque (4) jou ai meffait.
Et puis fi vous dirai de fiet eures, ki funt
Plus precieufes d'autres (5) & plus à garder font.
A l'heure de matines fu li confiaux (6) tenus,
Comment li bias (7) Jefus feroit pris & battus.
Affanblé funt li Juis (8), li grant & li menu . . .
Droit (9) à l'heure de prime fu Diex tous defpolliés;
Dont fu vilteufement (10) mefnés & traitiés, &c.
Quant il véoit (11) venir le cos (12), fi (13) s'enclinoit.

---

(1) je. (2) pour nom. (3) livre, du Latin *dictata*. (4) tout ce que, *quodcunque*. (5) que d'autres. (6) confeil. (7) beau. (8) les Juifs. (9) juftement. (10) *viliter*, avec outrage. (11) voyoit. (12) les coups. (13) alors.

Des biaux ioex (14) de fon chief fondice-
ment ploroit (15),
Et non pour tant, fachiez un fel mot ne
difoit,
De tout ce grief torment con foufrir li
fifoit.
Car noftre favement (16) fi forment (17)
defiroit
Que fe char & fe fang (18) pour il déli-
veroit.
Or devons-nous cette heure cremir (19)
& redouter,
Et de grief travail nos doit bien ramem-
brer (20),
Quant nos oons (21) la cloke (22) de
prime retentir,
A donc devons nous mettre nos cuers à
Dieu fervir.
Ki ce funt li doi (23) juis, briement le
vos dirai,
Cis, ki battoient Ihefum, ne vous en
mentirai . . .
Li uns ce funt ces gens plains de lofen-
gerie (24),

---

(14) des beaux yeux. (15) il pleuroit à verfe. (16) falut. (17) fortement. (18) fa chair & fon fang. (19) craindre. (20) reffouvenir, en Italien on dit *rimembrare*, de *memoria*. (21) oyons, entendons. (22) la cloche. (23) fufdits, *dicti*. (24) perfidie, flatterie, du Latin *laus*.

François du XII. siecle.

Auſi com fut Judas plains de grand tre-
cherie (25),
Bial (26) ſamblant font à autres, ſi lor
font bielle chiere (27)
Et dont ſe déparolent (28), quand il funt
par derriere, &c.
A l'hore droit de tierce fut Dieux jugiés
à mort,
Dégabés (29) & battus, & traitiés à grand
tort.
Lui méiſmes Iheſum fiſſent (30) porter
ſa croix
Li felon (31), li mavais (32), li cuierts
maleoit (33)
Ce fu uns grans mairiens (34), qui étoit
ſi peſans
Que il avoit le fais de deux hommes
poiſſans (35), &c.
A l'hore de midi fu li grand cris criés,
Comment li biaus Iheſus feroit à mort
livrés . . .
Grandes brokes de fier (36) un fevre (37)
fiſſent faire . . .

Li

---

(25) tricherie, tromperie. (26) beau. (27) belle chère, bonne réception. (28) ſe dédiſent. (29) outragé. (30) firent. (31) traitres, de la *félonnie*. (32) mauvais. (33) maudits. (34) pièce de bois, *materia*. (35) puiſſans. (36) broches, clous, de fer. (37) du Latin *faber*.

Li doi maiſtres des Juis les brokes apporterent,
A (vec) s martias de fier (38) (il) Iheſum enclaverent,
Parmi les mains li fierent (39) par ſi grande viertu (40),
Que ſe ſan (41) par la tierre (42) à grand rius (43) en courut.
Sour le mont de Cavaire un courtis (44) il aſtoit (45),
Une haie d'eſpines tout en tour i avoit,
Li uns des felons Juis viers (46) le (47) haie en ala,
A ſes mains priſt l'eſpine & briſa & (li) ga.
Si en fit un capiel (48), &c.
Puis li briſent les mains, les jambes li treillerent (49),
L'un par deſeure (50) l'autre. Si tres roit (51) lui claerent (52),
Que tout le contordirent auſſi cum une hart (53) . . .

---

(38) marteaux de fer. (39) enfoncèrent. (40) vertu, force. (41) ſon ſang. (42) terre. (43) ruiſſeau. (44) jardin, cour; du Latin de ce temps, *cortes*. (45) *aſtabat*, étoit là près. (46) vers. (47) la. (48) chapeau, couronne. (49) croiſèrent comme le bois d'une treille. (50) par deſſus. (51) roidement. (52) peut-être clouèrent. (53) . . .

C

En tel point que li vins eſt del ſtordoir (54) preſſés,
Tout auſſi fut Iheſus dedans le (55) crois pénés, &c.
Quant il aproiſma (56) nuene, que Iheſus veut morir,
De ſon precieux cors s'arme (57) veut departir,
Il a dit à ſon Pere en getant (58) un ſoupir,
Doux Peres, en tes mains (jou) commant mon enſpir (59).
Puis releva ſe voix, un grand cris a getet,
Apries (60) ſon benoit (61) chief four ſon brache (62) inclinet, &c.
Li cris fu, Eloy lamaſabactani,
Çou eſt: mes Dieus, mes Dieus, qui m'avez relinqui (63), &c. &c.
A l'hore de vieſpres fu Iheſu-Chris deſpendus (64);
A l'hore de complie fu le corps embaumes
De Iheſu noſtre pere el ſepulcre poſes
Ce fu biaus ſarkeus (65) novias (66) appareillés, &c.

---

(54) du Latin *extorquere*, preſſoir.
(55) dans la. (56) *approximavit*, approcha.
(57) ſon ame. (58) jettant. (59) *ſpiritus*, eſprit.
(60) après. (61) benit. (62) de *brachium*, bras.
(63) abandonné. (64) deſcendu de la croix.
(65) cercueil. (66) nouvellement.

François du XIII. siecle.

DECLARATION DU PREVÔT, DES JUREZ ET ECHEVINS, &c. DE VALENCIENNES DE L'AN 1256.

Dumont Corps Diplom. T. X.

Nous Provost, Juret, Eskievin, & li communs de Valenchienes, fasons savoir a tous chiaus (1), ki ces Lettres veront & oront, que nous en la presense nostre chiere Dame Marguerite Contesse de Flandres & de Haynau, & mon Signeur Bauduin son fil, de lor assens (2), & à lor requeste, avons asseuret (3) mon Signeur Jehan d'Avesnes sen fil & ses hoirs de quele eure qu'il desalle de Madame la Contesse devantdite se mere, nous le tenrons (4) por Signeur, & por Comte de Haynau, & ses oirs apries lui, ja susse cose, qu'il desalist de mon Signeur Jehan devantdit devant Madame le Contesse se mere devantdite, ou apries. Et s'il avenoit, que nus se vosist (5) mettre contre lui, ne encontre ses oirs, des coses qui desure (6) l'ont dites, ne faire anvi (7), ne de stourbier (8), nous proumetons que

---

(1) ceux. (2) consentement. (3) avons assuré.
(4) tiendrons. (5) voulût. (6) dessus. (7) envie.
(8) troubler, du Latin *turbare*.

à lui & à ſes oirs noùs ſerons aidant & conſellant de toutes nos forces, & de tous nos pooirs (9), & à chou (10) obligons nous, nous & nos oirs, ne autrui ne devons, ne poons (11) tenir por Signeur ne Conte de Haynau, que mon Signeur Jehan d'Aveſnes, & ſes oirs, apres le decies Madame ſe mere devantdite. Et toutes ces coſes nos li avons juret ſour ſains (12) en la preſence noſtre Eveſque, l'Eveſque de Cambray, à tenir bien & loiaument (13). Et por ce que ce ſoit fermement tenut & wardet (14), ſi avons nous ces lettres ſaielées del ſaïel (15) de no vile de Valenchienes & livrees à mon Signeur Jehan d'Aveſnes devantdit par le requeſie (16) de no Dame le Conteſſe devant noumée, & de mon Signeur Bauduin ſen fil.

Ce fut fait l'an del Incarnation Jeſu-Chriſt MCCLVI. le diemence devant le jour Touſſains ; el mois d'Otembre.

---

(9) pouvoir. (10) à cela. (11) pouvons. (12) ſur les Saints. (13) loyalement. (14) gardé. (15) ſcellées du ſceau. (16) demande, requéte, du Lat. *requiſitio*.

CHRONIQUES DE ST. DENIS.
L. V. Ch. 27.
Script. Rer. Gall. de *D. Boucquet* T. III.

Comment Charles Martel recouvra la cité d'Avignon.

En ce tens s'efmurent une maniere de gent fort & cruel, fi eftoient nommé Ifmaëlicien ; mes par autre non font orendroit (1) apelé Sarrazins. Devers Efpaigne vindrent, & trespafferent le Rofne, & s'aprochierent jufques à la cité d'Avignon, qui tant eft forte & haute, que il ne l'euffent de lonc tens prife par force, ne par afault, fe elle n'euft efté traïe. Mes Marontes un Duc du païs & aucun autre traitour (2) fe confentirent à eulz & leur ouvrirent les portes ; & cil (3) entrerent ens, qui ja avoient mis tout le païs à deftruction. Quant li Princes Charles Martiaux fot (4) ces nouveles, il envoia avant fon frère le Duc Childebrant, que il meuft & mainz autres Princes & Dux a grant oft & à grans apareillemenz d'enginz & de tourmenz : la cité affiegerent qui trop eftoit fors & bien garnie, les enginz drecierent, & ordenerent leur gent pour li-

---

(1) quelquefois.   (2) traitre.   (3) ceux.
(4) fçut.

vrer assauz : lors s'aprochierent & drecierent eschielles aus murs. En ce point vint li glorieux Princes Charles Martiaus à grans effors. Lors primes (5) fu li assauz commenciez par merveilleuse vertu. . . .

Des nés issirent (6), dont il estoient venu par mer, & vindrent contre Charles Martiaus tuit prest (7) à bataille; & il leur revint encontre eulz hardiement, & les encontra (8) en une valée, qui est apelée Corbarie, sour un fleuve qui a non Birsa. Là fu la bataille grant & merveilleuse; mes par la vertu de nostre Seignour li plus grant de leur Rois fu occis, & tuit li autre desconfit: puisque il virent que leur Sires (9) fu mors, cil qui demeurerent de celle occision, tournerent en fuite, au rivage de la mer fuirent, & cuidierent (10) eschaper par l'aide de leur navie (11), ès nés sailloient par grant estrif cil qui i pooient avenir, & cil qui n'i pooient avenir, sailloient en la mer par paour & par destrece de la mort. Mes François, qui de près les assaillirent, se mistrent ès galies (12), & leur coururent sus; les

---

(5) alors premièrement. (6) sortirent. (7) tout prêt. (8) en Italien on dit *incontrare*. (9) Roi. (10) crurent. (11) bateaux, *navis*. (12) galères.

François du XIII. siecle.

uns noierent & afonderent en la mer, & les autres occistrent en lançant de darz & de javeloz. Einsi ot victoire li glorieux Charles Martiaus des Sarrazins par l'aide de nostre Seignour, & gaaignierent François leur despoilles (13), & tout quanques (14) il avoient amené, & la terre de Gocie preherent (15) & mistrent à destruction, & pristrent le Duc Victor & mainz autres riches prisonniers; les plus grans citez & les plus nobles du païs abatirent & craventerent jusques en terre, & bouterent (16) le feu par tout, pour ce que elles estoient habitées de Sarrazins... Et quant il ot tous ses anemis vaincus & mis souz pié, il retourna en France vainquierre (17) par tout par l'aide de nostre Seignour.

---

(13) dépouilles. (14) autant que, combien. (15) prirent. (16) mirent. (17) vainqueur. C'est ainsi, qu'on disoit *chanterre* pour *chanteur*.

PROVERBES

Tirés d'un manuscript des R. P. Feuillans
à Paris.
Spectacle de la Nat. T. VII. p. 213.

A chascun oisel ses nis li est biaux.
A chaque oiseau son nid paroît beau.

A la Cor le Roi chascuns i est pour soi.
A la Cour du Roi chacun est pour soi.

Alons, alons, ce dit la grue:
De tout lou jor ne se remue.
Allons, allons, ce dit la grue :
De tout le jour ne se remue.

Amors en cuer : feus en estopes.
Amour en cœur : feu en étoupes.

A cui meschiet, l'en li mésofre.
A qui malheur arrive, on ne lui fait plus d'offre
(on ne lui offre plus de service.

EPITAPHE

Tirée du cloître des R. P. Cordeliers de Rheims.
Spectacle de la Nat. T. VII p. 210.

Ci devant gist en iceste aire
Li cors Thomas l'apothécaire,

François du XIV. siecle.

Qui paſſa (1) nuef jours en Janvier
L'an trois cens onze, & un millier.
Diez (2), qui venra pour nous jugier,
Le vuelle avec lui hébergier.

POEME DE MORALE

de la Bibliothèque de Berne.
v. *Sinneri* Catal. MS. T. III. p. 399.

Qui eſt biaux, ce n'eſt mie pour ſoi
enorguillir,
Car les biaux & les liais convient tous à
morir.
Il n'eſt ſi grant biauté, ne ſi vermeille
face,
Que une petite fievre en pou d'eure (3)
n'efface.

※ ※ ※

Outre ces paſſages du vieux François, que je viens de donner au long & par extrait, je citerai par-ci par-là des mots & des phraſes détachées, tirées de quelques ouvrages anciens, dont il eſt juſte de dire encore un mot en paſſant. Ce ſont le Roman de la Roſe, les poëſies de Pathelin, de Coquillart, de Villon, de Martial de Paris, de Marot & la traduction de la Bible par Chateillon.

_____

(1) pour trépaſſa. (2) Dieu. (3) peu d'heures.

Le premier Auteur du *Roman de la Rose* est *Guillaume de Lorris*, mort en 1260 ou 1262. Il étoit de la petite ville du Gâtinois, dont il portoit le nom.

Sa belle étoit Dame d'un grand mérite; c'est pour elle, qu'il a fait ce Roman. v. ℣. 45.

    „ Celle, pour qui je l'ai empris,
    „ C'est une Dame de haut prix:
    „ Et tant est digne d'être amée,
    „ Qu'elle doit Rose être clamée.

Quarante ans après la mort du premier père de ce Roman, *Jean de Meun*, né en 1279 ou 1280, le continua depuis le v. 4150 & l'acheva. Ce dernier fit encore d'autres poésies, comme son *Codicille* & son *testament*.

Toutes ces poësies sont recueillies dans l'édition du R. de la R. qu'a donnée M^r. *l'Abbé Lenglet* en III. T. à Paris 1735.

Outre ce Roman il y en a une quantité d'autres, que M^r. de *la Curne de Sté Palaye* a rassemblés. M^r. de *Sinner*, Bibliothécaire de Berne, en rapporte aussi beaucoup, qui se trouvent dans la salle commise à ses soins. v. le troisième tome du Catalogue des MS. de cette Bibliothèque depuis la p. 333. J'en ai tiré quelques passages, pour montrer la conformité du patois avec ce vieux langage.

※ ※ ※

La farce de maiſtre *Pierre Pathelin*, avec ſon teſtament. 8. à Paris 1723.

L'auteur de cette farce ne nous eſt pas connu, mais il doit être du XIV ou XV ſiecle, puiſque la Comédie de Reuchlin, jouée ſous le titre de Henno le 31. Janv. 1497 chez Jean Dalbourg, Evêque de Worms, eſt une imitation de ſon poëme.

※ ※ ※

Les poëſies de *Martial* de Paris, dit d'*Auvergne*, Procureur au Parlement de Paris. 8. II Tomes à Paris 1724.

Les *vigilles de Charles VII.* ſont ſon poëme principal.

※ ※ ※

Les poëſies de *Guill. Coquillart*, Official de l'égliſe de Rheims. 8. à Paris 1723. éd. nouv.

Il vivoit ſous Charles VIII, témoin la poëſie, qu'il compoſa pour l'entrée de ce Roi dans la ville de Rheims en 1484.

※ ※ ※

François Corbeuil, ſurnommé *Villon*, poëte eſtimé, mais grand frippon, vécut auſſi au XV ſiecle. Je me ſuis ſervi de l'édition de ſes œuvres, qui a paru à Paris en 1742.

Je me sers de l'édition des œuvres de *Clément Marot* donnée à la Haye en 2 Tomes en 12. 1714. Il étoit valet de chambre de François I.

Sebastien Chateillon, en Latin *Castalio*, savant du seizième siecle, donna entre autres une traduction françoise de l'Ecriture Sainte, qui a fait beaucoup de bruit, & qu'on a de la peine à trouver aujourd'hui. Elle a paru à Basle in folio 1555. *Henri Etienne* dans son apologie d'Hérodote accuse cette traduction de blasphèmes & prétend, que „ Chateillon s'est „ étudié à chercher les mots de gueux — „ & qui fissent amuser les lecteurs à rire. Il cite pour cela les passages suivans : „ S. Jacques Ch. 2. *Misericorde fait la figue* „ *à jugement* . . . de même *arrière-femme* „ pour concubine, *avant-peau* pour pré- „ puce, *rongné* pour circoncis, *empellé* pour „ incirconcis ; il transforme Dieu en un „ *Monsieur de Rochefort*, il n'est jusqu'à „ *faire carrou* (1), qui n'ait trouvé place „ en cette traduction.

---

(1) *faire carrou* ou *carrousse* veut dire faire bonne chère. *Richelet* dit, que le terme vient de l'Allemand *gar aus*, tout vuide, vuider bravement les gobelets.

Richard Simon & d'autres prétendent, que ces extravagances ne sont pas tant l'effet de la malice, que plutôt de l'ignorance de la langue Françoise & de l'affectation, qui a mené Chateillon dans des écarts, même dans sa traduction Latine. v. le Dict. de *Bayle*, art. *Castalion*.

CHAP. III.
ECHANTILLONS
DE
PROVENÇAL, GASCON, BOURGUIGNON, LORRAIN.

Passons du vieux François aux langues provinciales, qui existent encore. Je donne des échantillons de quatre Provinces. Voici d'abord du Provençal & du Gascon. Il est vrai, que ces deux langues, de même que l'Italien & l'Espagnol, sont aujourd'hui fort différentes du bon François, qui est en usage; mais il y eut un temps, où ils s'accordèrent davantage. Descendues du Latin, ces sœurs ont plus de ressemblance avec la mère & entre elles, plus on remonte dans les siecles passés. M^r. *de la Curne de Ste Palaye* a fait des recherches sur cette matière (1). Il a fait la découverte d'une pièce fort singulière d'un poëte Provençal, du XIII siecle, nommé *Rambaut de Vaqueiras*, dans laquelle, pour marquer le

_____

(1) voyez les Mém. de l'Acad. des Inscript. T. XXIV. p. 671.

Gascon, Bourguignon, Lorrain. 47

trouble, causé par la passion qui l'agite, il parle à sa belle dans cinq langues différentes, en variant ainsi les strophes. Il se sert donc du Provençal, de l'Italien, du François, du Gascon & de l'Espagnol. Et il faut convenir, que ces langues ainsi rapprochées montrent beaucoup de ressemblance. Les bornes, que je me suis prescrites dans ce traité, ne me permettent pas de donner le poëme, que je cite; mais au moins en voici la clôture (2).

Provençal. Bels cavaliers, tant es cars
     Lo vostr ouratz senhoratges,
Italien.   Que cada jorn m'esglayo.
     Ho me lasso! que faro,
François. Si sely, que g'ey plus chera,
     Me tua, no sai por quoy.
Gascon.   Ma dauna, fe, que dey bos!
     Ni pe l cap sanhta Quitera!
Espagnol. Mon corasso m'avetz trayto,
     E mout gen faulan furtado.

Traduction.

Beau Chevalier, tant m'est chère votre honorable Seigneurie, que chaque jour je m'effraie. Hélas! malheureux, que ferai-je, si celle, qui plus m'est chère, me tue, je ne sais pourquoi? Madame, par la foi, que je vous dois! & par le chef Ste Quitère! mon cœur vous m'avez arraché & par votre doux langage dérobé.

---

(2) page 676.

ECHANTILLONS DU PROVENÇAL.

Le Provençal & le Gascon sont les deux langages d'entre ceux, que nous comparons ici avec le patois Lorrain, qui lui ressemblent le moins. Aussi en sont-ils plus éloignés par la situation des Provinces. Le Provençal a beaucoup de rapport avec l'Italien, & le Gascon avec l'Espagnol. L'une & l'autre de ces langues a été cultivée depuis plusieurs siecles par des écrivains. Qui ne connoît les Troubadours, poëtes Provençaux, qui s'acquirent de la réputation dès le douzième siecle ? (1) Leurs poésies, qui consistoient en sonnets, pastorales, chants, satyres &c. étoient chantées par les Chanterres ou Chanteurs, & accompagnées du son de différens instrumens par les Jongleurs ou Ménestrels. Ajoutons, que les poëtes Italiens ont formé leur goût & leurs meilleures pièces sur les modèles des Troubadours. La Provence eut en outre encore ses Conteurs, qui composoient les proses historiques

---

(1) v. *Bouche* hist. de Provence.

Echantillons du Provençal.

ques & Romanesques. Le XIV. siecle vit disparoître les Jongleurs, mais la poësie Provençale se soutint également & se soutient encore.

La première pièce, que je donne ici, est celle, que j'ai promise à la page 5, la voici (2).

LE CATALAN ET LE FRANÇOIS.

Monge, causetz segon vostra siensa,
Qual valon mais, Catalan o Frances?
E met sai Guascuenha e Proensa,
E Lemozi, Alvernh e Vianes;
E de lai met la terra dels dos Reis.
E quan sabetz dels totz lur captenensa,
Vueil, que m'digatz, en cal plus fiz
    pretz es.

Traduction.

Moines, dites-moi, lesquels valent mieux, à votre avis, des Catalans ou des François? Et je place en deçà (3) la Gascogne, la Provence, le Limousin, l'Auvergne & le Viennois; & par delà je mets la terre des deux Rois (4). Et comme vous

---

(2) v. les Mém. de l'Acad. T. XXIV. p. 681. dans la Diss. de M^r. *de la Curne de Ste Palaye.*
(3) l'Auteur est de ceux, qu'il appelle Catalans.
(4) le Roi de France & le Roi d'Angleterre, qui partageoint la France.

D

connoiſſez parfaitement les mœurs de ces nations, je veux, que vous me diſiez, dans leſquelles il y a plus de véritable mérite.

S'enſuivent quelques morceaux de poëſies, tirés du *Recüil de poueſiés Prouvençalos* de M. F. T. G. de Marſillo. impr. à Marſeille en 1734. 8.

DE L'EPITRE AU LECTEUR.

Vous pregui boüen Lectour, de m'eſtre
un pau proupici ;
De pas eſcaluſtra (5), ni trata de
peoüillous
De paureis enfants vargoüignous,
Que ma Muſo [encaro nouvici
Din l'ſtile dei Troubadous]
A fa naiſſe de moun caprici.

Traduction.

Je vous prie, bon Lecteur, de m'être un
peu propice ;
De ne pas mépriſer, ni traiter de poüilleux,
De pauvres enfans vergogneux,
Que ma Muſe (encore novice
Dans le ſtile des Troubadours)
A fait naître de mon caprice.

---

(5) comme qui diroit, *ôter le luſtre.*

Echantillons du Provençal.

SUR LA GLORI.

Que penfarias d'un perfounagi,
Que, per un caprici nouveau,
Aimarie mai, que li feffoun outragi,
Que de lou faire à foun tableou?
Pourrias creire fenfo-injuftici,
Qu'un home d'efto forto aurie l'efprit
   perdu;
Cependant d'un femblable vici
Lei dupos de la glori an fach uno
   vertu!
La glori n'es que noueftre eimagi,
Din lou coüer d'un cadun gravado
   noblamen;
Mai, per l'imprima d'avantagi,
Li fi foou livra fobramen;
Senfo-aquoto n'es plus foulido.
Car de faire aquelo foulie,
De li facrifica fei plefirs & fa vido:
Es à l'oouriginau prefera la coupie.

Traduction.

SUR LA GLOIRE.

Que penferois-tu d'un perfonnage,
Qui, par un caprice nouveau,
Aimeroit mieux, qu'on lui fit outrage,
Que de le faire à fon tableau?

Tu pourrois croire sans injustice,
Qu'un homme de cette sorte auroit l'esprit perdu ;
Cependant d'un semblable vice
Les dupes de la gloire ont fait une vertu!
La gloire n'est que notre image,
Dans le cœur d'un chacun gravée noblement ;
Mais, pour l'imprimer davantage,
Il faut s'y livrer sobrement ;
Sans cela elle n'est plus solide.
Car de faire cette folie,
De lui sacrifier ses plaisirs & sa vie;
C'est à l'original préférer la copie.

※ ※ ※

SUR LA MOÜER D'UN MEDECIN.

Maugra la mano & la rubarbo,
La moüer ven de faire la barbo
Au plus famous Douctour, que jamai siegue esta,
La perlo de la faculta.
L'injusto! avrie degu d'uno tant bello vido
Destourna sei decrets.
Noun per recouneissenci, au mens per interest ;
Car lou paure toujour l'avié tant ben seruido.

Echantillons du Provençal.

Traduction.

SUR LA MORT D'UN MEDECIN.

Malgré la manne & la rhubarbe,
La mort vient de faire la barbe
Au plus fameux Docteur, qui jamais ait été,
La perle de la faculté.
L'injuste! elle auroit dû d'une si belle vie
Détourner ses décrets.
Non par reconnoissance, du moins par intérêt;
Car le pauvre toujours l'avoit si bien servie.

ECHANTILLONS
DU
GASCON.

Le Gascon tire beaucoup sur l'Espagnol, son voisin. On a lu à la page 11. la traduction du serment de Louis le Germanique en cette langue. Mais il y a en outre un *Recueil de Poëtes Gascons* en II Parties. Amst. 1700. 8. La première contient les œuvres de *Pierre Goudelin* de Toulouse, avec un Dictionnaire de la langue Tolousaine. *Pierre Goudelin* ou *Gouduli*, natif de Toulouse, mort en 1646, s'est acquis une grande réputation par ces Poësies, auxquelles il a donné pour titre *le Ramelet Moundi*, c'est-à-dire le Rameau ou plutôt le bouquet Toulousain. Ce bouquet est composé de fleurs bien différentes. Voici dabord un Noël. C'est ainsi, qu'on nomme, en France des cantiques spirituels, faits en l'honneur de la nativité de Jesus-Christ.

NOUÉL.

Pastours, anen à touto sérro
   Beze l' éfan, que cal ayma,
   Aquel que sul clot de la ma
Fa claure le cél é la térro.

Echantillons du Gascon.

Traduction.

Pasteurs, allons (quoique) bien tard
 Voir l'enfant, qu'il faut aimer,
 Lui, qui dans le creux de la main
Fait tenir le ciel & la terre.

Refrén.

 Augéts, pastourelets,
  Coussi les angelets
   Se rejouissen,
   E' rabissen (1),
Sur las merbeillos (1), que se fan
A la naissenço d'un Efan.

Traduction.

 Refrein (2)
 Ecoutez, jeunes bergers,
 Comme les petits anges
  Se réjouissent,
  Et sont ravis
Des merveilles, qui se font
A la naissance d'un enfant.

2.

Més, ount és le castél capable
 De loutja le Prince del cél?
 Yeu fau gatjuro d'un aignél,
Que le trouben dins un establé.
 Augéts, pastourelets &c.

---

(1) le *b* se prononce à l'Espagnol souvent comme un *v*. (2) c'est un vers, qui se répete à la fin de chaque couplet.

Echantillons du Gascon.

Traduction.

Mais, où est le château capable
De loger le Prince du ciel?
Je fais gageure d'un agneau,
Que nous le trouvons dans un étable.
Ecoutez, jeunes bergers &c.

3.

Assos él (3), yeu bezi la maire,
Que ten soun fil a bel brassat (4).
Més le marit tout emprieyssat
Nou semblo pas estre le paire.
Augéts, pastourelets &c.

Traduction.

C'est lui, je vois la mère,
Qui tient son fils de tous ses bras.
Mais le mari, tout empressé (qu'il est),
Ne semble pas être le père.
Ecoutez, jeunes bergers &c.

4.

Filho jazen, Diu bous ajude,
Méro dé nostre Salbadou!
Atal tout humble pecadou
Dins le Paradis bous salude.
Augéts, pastourelets &c.

---

(3) *el*, il, lui. c'est l'article Arabe, donné aux Espagnols par les Sarrazins.
(4) on dit encore *brassée*.

Echantillons du Gascon.

Traduction.

Fille accouchée, Dieu vous aide,
   Mère de nôtre Sauveur!
   Ainsi tout humble pécheur
Dans le paradis vous salue.
    Ecoutez, jeunes bergers &c.

REFRÉN PER LE JOUR DEIS REYS.

E' Léu! presten l'aureillo
A la raro merbeillo,
Que nous pipo (5) le cor.
Tres Reys, qu'un lugar (6) meno,
Porton à Diu l'estreno
D'encés, de Myrro é d'or.

Traduction.

REFREIN POUR LE JOUR DES ROIS.

Eh vite! prétons l'oreille
A la rare merveille,
Qui nous ravit le cœur.
Trois Rois, qu'une étoile mene,
Portent à Dieu l'étrenne
D'encens, de myrrhe & d'or.

---

(5) *piper*, proprement prendre des oiseaux.
(6) *lugar*, étoile, vient du Latin *lucere*, comme qui diroit *lucida*, luisante. Le mot a du rapport avec notre Allemand *lugen*, pour *voir*.

D 5

A Mounseignou le Prince de Coundé. Sur soun intrado dins le Countat de Roussilhou.

O D O.

Le prumié Prince de la França
Nous hounoro de soun retour.
Yeu l'y bau douna le boun jour,
E' nou pérdi pas espéranço,
Que quand l'y tire le capél,
Nou me fasso part d'un cop d'él.
De tant d'aunou ma petitesso
Creissera, per dire milhou
Les merbeillos, que Soun Altesso
Ba pourta dins le Roussilhou.
E' léu ma rebelencio sosto,
Que Mounseignou bol léu parti.
Tant l'y trigo de sa senti
Le gran couratge, que l'emporto.
Moun coumplimen sera d'un mout:
Bous siots le ben bengut per tout!
Gran Prince! l'armo de la guérro
L'espabent de delà les mounts,
Foulze d'uno supérbe térro,
Rogér de milo Rodomounts &c. &c.

Traduction.

Le premier Prince de la França
Nous honore de son retour.
Je vais lui donner le bon jour,
Et ne perds pas l'espérance

Echantillons du Gascon. 52

Que, quand je lui tire le chapeau,
Il ne me fasse part d'un coup d'œil,
De tant d'honneur ma petitesse
Croîtra; pour dire mieux
Les merveilles, que Son Altesse
Va porter dans le Roussillon,
Et je fais ma revérence vite,
Parce que Monseigneur veut vite partir,
Tant il lui tarde de faire sentir
Le grand courage, qui l'emporte.
Mon compliment sera d'un mot;
Soyez le bienvenu par-tout !
Grand Prince ! l'ame de la guerre,
L'épouvante d'au delà les monts,
Foudre d'un païs orgueilleux,
Roger de mille Rodomonts. &c. &c.

LE TRINFLE DEL MOUNDI.

Noble lengatge de Toulouso,
Plus biél, que la tour de Nembrot !
Diù fasso la capo terrouso
A qui le bol fecoutre al clot !
Jou foun rabit de tous ouracles,
Tu fas à moun grat de miracles;
Per tu jou foun d'amour furprés,
E' trobi, qu'el chebal Pegazo
Nou me douno gayre d'extazo,
Se tu nou ly preftos l'harnés.
&c. &c.

Traduction.

Noble langage de Toulouse!
Plus ancien, que la tour de Nembrod!
Dieu fasse la tête sauter à terre,
A qui le veut mettre dans la tombe!
Je suis ravi de tes oracles,
Tu fais à mon gré des miracles;
Pour toi je suis d'amour épris,
Et trouve, que le cheval Pégase
Ne me donne guères d'extase,
Si tu ne lui prêtes le harnois
&c. &c.

* * *

CHANSONNETTE.

Lou cor, que tu m'abios dounat,
    Genti pastour, en gatge,
L'ay pas perdut, l'ay pas cambiat,
    N'ay fait un autre usatge;
L'ay pres, l'ay mesclat au lou miou,
Sabi pas pus, qual es lou tiou.

Traduction.

Le cœur, que tu m'avois donné,
    Gentil pasteur, en gage,
Je ne l'ai pas perdu, je ne l'ai pas changé,
    Je n'en ai fait d'autre usage;
Je l'ai pris, je l'ai mêlé au mien,
Je ne sais plus, quel est le tien.

ECHANTILLONS
DU
BOURGUIGNON.

Je tire ces pièces des *Noei* ou *Noëls Bourguignons* de *Gui Barôẓai*, ai Dioni. 8. 1720. (quatrième édition, enrichie d'un gloſſaire). L'auteur de ces cantiques eſt le fameux poëte, M^r. *Bernard de la Monnoye*, mort en 1728, à 88 ans. Il faut convenir, que la bienſéance n'eſt pas gardée par-tout; mais dans les ſtrophes, que j'ai choiſies, l'on ne trouvera, j'eſpère, rien, qui la bleſſe. La ſimplicité & la naïveté ne font aucun tort à la nobleſſe des penſées.

NOEL.

Vo trôqué le ſéjor des ainge;
Anpor (1) quoi? ç'at anpor éne grainge:
    Le trôc át étrainge.
Vos étein ſi bén ai vote aize.
On n'á pa ché no,
Béa Dei, ne vo déplaize,
Auſſi bé, qu'on á ché vo.

Traduction.

Vous troquez le ſéjour des anges;
Pourquoi? c'eſt pour une grange:

---

(1) pour.

Echantillons du Bourguignon.

Le troc est étrange,
Vous étiez si bien à votre aise,
On n'est pas chez nous,
Beau Dieu, ne vous déplaise,
Aussi bien, qu'on est chez vous.

2.

Contre vo, troi faus escogrife (2),
Troi sacar (3), Pilate, Anne & Caïfe
    Eguze lo grife.
Peut-on voi, sans en étre greigne (4),
Qu'ein agnea si dou,
Ignocamman s'an veigne
Botre (5) ai lai gorge du lou.

Traduction.

Contre vous, trois faux vilains escrocs,
Trois méchants, Pilate, Anne & Caïfe
    Aiguisent la griffe.
Peut-on voir, sans en être affligé,
Qu'un agneau si doux,
Innocemment s'en vienne
Se mettre à la gorge du loup.

---

(2) *escogrife* est un terme de fantaisie, peut signifier un méchant, un vaurien.
(3) C'est ainsi, qu'on appelle à Dijon ceux, qui en temps de peste enterrent les corps des pestiférés, & qui volent dans les maisons, en profitant de cette occasion.
(4) *chagreigne*, chagrin.
(5) *mettre*, de l'ancien *bouter*.

3.

J'aivon fai de faute fi lode,
Et potan vote mifericorde
   Su no fe débode.
Lai bontai, dont vote ame à pléne,
Ne réparme pa
Jeusqu'au fan de vo véne,
Et le tô po dés ingra.

Traduction.

Nous avons fait des fautes fi lourdes,
Et pourtant votre miféricorde
   Sur nous fe déborde.
La bonté, dont votre ame eft pleine,
N'épargne pas
Jufqu'au fang de vos veines,
Et le tout pour des ingrats.

NOEI.

Lé Maige du Levan lo lugnôte brai-
      quire (6),
Et voyant de tô loin l'étoile s'épaumi (7),
   D'aibor ai devignire,
   Sans tonai le taimi (8),
   L'éprôche du Meffire
    Promis.

---

(6) Il faut pardonner à l'ignorance, qu'elle at-
tribue à ces fiecles reculés l'ufage de la lunette.
(7) étendu, comme la paume de la main.
(8) Pratique de fuperftition, par laquelle on pré-
tend deviner par le moyen d'un tamis ou fas,
que l'on fait tourner.

Traduction.

Les Mages du Levant les lunettes braquèrent,
Et voyant de tout loin l'étoile s'étendre (ou
s'ouvrir,)
D'abord ils devinèrent,
Sans tourner le tamis,
L'approche du Meſſie
Promis.

8.

Haila, venó-tu don por amblai (9) ſai
corone (10)?
Nainin, tu n'an veu pa ai lai pompe
dé Roi;
Tu n'an veu qu'ai lai pone,
Qu'ès épeignes, qu'au foi,
Et tu pran po ton trône
Lai croi.

Traduction.

Hélas! viens-tu donc pour dérober ſa couronne?
Non, tu n'en veux pas à la pompe des Rois;
Tu n'en veux qu'à la peine,
Qu'aux épines, qu'au fouet,
Et tu prends pour ton trône
La croix.

9. Tu

---

(9) de *involare*, vouloir dérober. *Le bien d'autrui tu n'embleras*, ſe dit dans une ancienne traduction de la Bible.
(10) Il étoit queſtion dans les couplets précédents de la frayeur d'Hérode.

Echantillons du Bourguiguon. 65

9.

Tu ne vén pa charché lé plaizi, lai bô-
bance (11);
Tu vén borgé (12) ton fan po laivai no
défau.
    Etrainge diférance!
    J'aivon fai tó lé mau,
    Tu fai lai pégnitance
      Po no.

Traduction.

Tu ne viens pas chercher les plaifirs, la ma-
gnificence;
Tu viens verfer ton fang pour laver nos défauts.
    Etrange différence!
    Nous avons fait tous les maux,
    Tu fais la pénitence
      Pour nous.

10.

Ai! t'é po no gairi bé coutai de cambôle (13),
Du repo que j'aivon, té traivau fon le prei.
    Té larme no confôle.
    An mémoire de quei
    Ici tô rôffignôle (14)
      Noei.

---

(11) la pompe, en Italien *bombanza* pour pom-
panza de *pompa*. En bas Breton on dit *boubánce.*
(12) M^r. de la Monnoye le dérive du Lat. *vergerc.*
(13) de calida bulla on a fait *échauboule*, item
cauboule, camboule, cambole.
(14) Tout chante, auffi mélodieufement que les
roffignols, les cantiques de Noël.

E

Echantillons du Bourguignon.

Traduction.

Ah! pour nous guérir il t'a bien coûté d'échauboulures.
Du repos, que nous avons, tes travaux font le prix.
Tes larmes nous confolent.
En mémoire de quoi
Ici tout chante
Noël.

DIALOGUE DE SIMON ET DE LUCA.

SIMON.

Sai-tu bé, Lucá, mon voifin,
Qu'éne côple de Chérubin
Tô mointenan vén de me dire,
Que Dei de no larme tôché,
No dépoche ici fon Meffire,
Aifin d'éfaici no peiché?

Traduction.

Sais-tu bien, Lucas, mon voifin,
Qu'une couple de Chérubin
Tout maintenant vient de me dire,
Que Dieu, de nos larmes touché,
Nous dépêche ici fon Meffie,
Afin d'effacer nos péchés?

2.

Ai mon Di! qu'ai ne venó pa
An Rodomon (15), an Fiérabra (16),
Armai du feù de fon tonare,
Don, quant ai le rôle dan l'ar,
Ai fait tramblai lé quate quarre (17)
Et le mitan (18) de l'Univar.

Traduction.

Ah mon Dieu! que ne vient-il pas
En Rodomon, en Fierabras,
Armé du feu de fon tonnerre,
Dont, quand il le roule dans l'air,
Il fait trembler les quatre coins
Et le centre de l'Univers.

3.

L U C A.

Ai feré don du moin venun
An Roi, qui n'a pas du commun,

---

(15) Rodomont eft connu par Boiardo & Ariofte. Ils en font un Roi d'Alger, brave mais altier & infolent. C'eft delà, que vient la *Rodomontade*.

(16) Fameux géant, dont le Roman des douze Pairs nous conte, que dans fon combat contre Olivier, Pair de France, il reçut des plaies mortelles, qu'il guériffoit en un moment, par le moyen d'un merveilleux baume.

(17) *quarre*, coin ou angle du quarré.

(18) le milieu. Dans le moyen âge on a fait *medietanus* de *medietas*, terme inventé par Ciceron.

Seugù d'éne cor dé pu belle ;
Lu, de qui l'on é di çan de foi,
Que fe pié fon los efcabelle
De lai téte des autre Roi.

Traduction.

Il fera donc du moins venu
En Roi, qui n'eft pas du commun,
Suivi d'une cour des plus belles ;
Lui, de qui l'on a dit cent fois,
Que fes pieds font leurs efcabeaux
De la tête des autres Rois.

4.
SIMON.

Nainin, ai n'a pa triomfan.
Ce n'a, dizent' il, qu'ein anfan,
Frai foti dé flan de fai meire,
San brizai pote, ni varô,
Come au travar d'éne vareire (19)
Paffe lai clatai du fôlô. &c.

Traduction.

Non, il n'eft pas triomphant.
Ce n'eft, difent-ils, qu'un enfant,
Fraîchement forti du fein de fa mere,
Sans brifer porte ni verrou,
Comme à travers d'une vitre
Paffe la clarté du foleil.

---

(19) De *varre* pour *verre*. Dans le Dictionnaire de l'Acad. Franç. il y a *verrine* dans le même fens.

DIALOGUE ENTRE UN BERGER,
SA FEMME ET LA ST^e VIERGE.

le Borgei

parlant de l'enfant Jésus.

C'à lai figure
Du cier ôvar.
Pu de clôture,
Pu de rampar.
Je trôvèron san senai, san raclai,
Tôte ébanée
Lai pote de ce gran palai,
Qui tan d'année
Fu condannée.

2.

Tô deu anfanne.

Vierge parfaite,
Je vos ôfron
Quatre braivaite,
Deu culoron.
Je ne serein faire que dé prezan
De trois ôbôle.
Ç'à dans lé main de Graipeignan
Que lé piltôle,
Les écu rôle.

3.

Lai vierge

Côple benie,
Le faint anfan
Vo remarcie,
El a contan.
Ce n'a ni l'or ni l'arjan, croyé-moi,
Qui l'éfriande.
Un grain de moutade de foi,
Velai l'ôfrande,
Qu'ai vo demande.

ECHANTILLONS
DU
LORRAIN
DU CÔTÉ DE METZ ET DE LUNEVILLE.

L'on a trouvé à la page 11. une traduction du Serment de Louis le Germanique en patois Lorrain. Je l'avois tirée de l'Histoire d'Alsace de M^r. *Schœpflin*. En voici encore une autre plus conforme au langage des environs de Luneville.

Traduction.

Po l'aimour de Due & po le savement dy peupe Chretien & l'notte, dy jo ceu en d'avant, ac*h*tant (1), que Due m'bayro savoi & pouvoi, j'savré mo frére Charlot, que val, en ly baillant secours en tôte chase, tôt comme *i*n homme dro doë savé so frére, à moins qui n' s'comporteuc*h* atrement par devars me, & évo Lothaire je n'sero point d'aiquemodement, qui faïeusse soffri di domaiche ès mo frére, que vace.

Si Louïs tint lo serment, que l'é juri ès so frére Charlot, & qu'Charlot mo Seignou ne

---

(1) On verra plus bas, pourquoi il y a ici par-ci par-là des lettres Italiques.

l'teneu*ch* me par devars lue, fi je ne pue l'dętonné, ny me ny acun âte, je n'irom dy tôt ès fo fecours conte Louïs.

D'autres échantillons de ce patois fe préfenteront plus bas parmi ceux du patois du ban de la Roche. J'en fuis redevable à la complaifance d'un ami, qui a bien voulu me traduire quelques dialogues, hiftoires, fables & proverbes. Ici j'offre à mes Lecteurs deux pièces du dialecte Lorrain.

La première eft un compliment adreffé à M^r. ** fur la convalefcence de fa fille, qui venoit d'échapper à la petite vérole. C'eft une chanfon faite par une fociété de jeunes gens, qui avoient formé entre eux une affociation femblable à une brigade de chaffe-pauvre ; ils en ont emprunté le ftile.

La feconde eft tirée de la *grande Bible de Noëls*, imprimée à Luneville, ou plutôt du *Supplément*, qui y a été fait.

Echantillons du Lorrain.

COMPLIMENT SUR LA CONVALESCENCE D'UNE JEUNE FILLE.

Boin jo dondé (1) Monſu V * *
Vſat ma foi lou mayoux prouvot,
Que ſoye dans tortot let Lorraine;
V'nos baillé tojos nos étrennes.
Je ne fayons jéma rin po vos,
Qu' vos ne nos féhinc boër in co.

Traduction.

Bon jour Mr. V * *
Vous êtes ma foi le meilleur prevôt,
Qui ſoit dans toute la Lorraine;
Vous nous donnez toujours nos étrennes,
Nous ne faiſons jamais rien pour vous,
Que vous ne nous faſſiez boir un coup.

2.

Dans l'antichambe (2) de Merchis (3),
A quoir (4) de dchue Monſu Méthis,
Let Royale Brigade aſſembleïe
Vos ſohatte les bonne anneïe,
Cent ans de *ch*ute (5) perfaite ſantait,
Et to pièn de proſtéritait.

---

(1) v. le Gloſſaire patois. (2) C'eſt une grande place de Luneville. (3) Nom propre. (4) Le quart de la rue eſt le coin de la rue. v. p. 67. (5) v. la prononciation de ce *ch* plus bas.

Traduction.

Dans l'antichambre de Merchis,
Au quart (coin) de chez M^r. Méthis,
La Royale brigade aſſemblée
Vous ſouhaite la bonne année,
Cent ans de ſuite bonne ſanté
Et tout plein de proſpérité.

3.

Enne ſe faite deputation
Vos prove notre infection,
Val enne chopinte de neuhattes,
Le demiquoir d'*in* quoirteron de quemattes,
De l'argoliſe & d chindant,
Que j'épouquons pour votre affant.

Traduction.

Une ainſi faite députation
Vous prouve notre affection.
Voilà une chopine de noiſettes,
Le demi-quart d'un quarteron de pommes,
Du régliſſe & du chiendent,
Que nous apportons pour votre enfant.

4.

Je m'é haté de prier Due,
Eff*in* qui chaſſeuſe vitement fieu
Let porpelu*ch*e de votre baſelle,
Sapremouche, elle l'é cheppée belle;
'Latto fritte ſans lo fromera
Que je repandeu*ch* nos doux Pirats.

Echantillons du Lorrain.

Traduction.

Nous nous sommes hâtés de prier Dieu,
Afin qu'il chassât vitement dehors
La petite vérole de votre fille.
Ma foi, elle a échappée belle;
Elle étoit fritte sans le fumier,
Que nous repandîmes nous deux Pierots.

5.

J'nos teinsse dsus votte escayé,
Et j'empecheinsse les accoliers
D'far dy bru d'vant zut accole.
J'fehinsse couhi let viôle,
Quand elle paisseuch côte votte mahon;
Ah bin, a-ce que j'n'ahim rahon.

Traduction.

Nous nous tinmes sur votre escalier,
Et nous empêchâmes les écoliers
De faire du bruit devant leur école.
Nous fimes taire la vielle,
Quand elle passa proche votre maison;
Eh bien, n'avions-nous pas raison?

6.

On n'oïo pu les ramonnoux;
Let pice curiouse; ny lo habiou;
Jacques dy lâce su set charatte
N'oso far aller set quieuchatte.
Et quand joïns bahouer les chins
Je les galiensse tant qu'ils se coucheint.

Traduction.

On n'entendit plus les ramonneurs;
La pièce curieuse; ni le oublie (6);
Jacques du lait (7) sur sa charrette
N'osa faire aller sa clochette,
Et quand nous entendîmes aboyer les chiens,
Nous les battîmes tant, qu'ils se turent.

7.

Incque d'ouvro l'euch à madecin;
In âte almo lo chilorquin;
In âte dchu Monsu Jeanpire
S'en allo quoire de l'elexire;
J'ons ysé enne pare de solé;
On ne voïo qu'nos sy lo pévé.

Traduction.

L'un ouvrit la porte au médecin;
Un autre éclaira le chirurgien;
Un autre de chez M^r. Jeanpierre
S'en alla chercher de l'élixir;
Nous avons usé une paire de souliers;
On ne vit que nous sur le pavé.

8.

Votte bépére craïo déjais,
Qui retraiprò (regriprò) lo heret,

---

(6) vendeur d'oublies, qui crie *oubliou! oubliou!* ou *habiou! habiou!* (7) Jacques, qui vend du lait.

Et l'argent de votte mairiaiche ;
'L airo quiboulé votte minaiche.
Jairnis, que 'l évot lo né bin grand,
Quand jons fait reviqui votte affant.

Traduction.

Votre beau-père croyoit déjà,
Qu'il rattraperoit l'héritage,
Et l'argent de votre mariage ;
Il auroit renversé votre ménage.
Ma foi, qu'il avoit le nez bien grand,
Quand nous avons fait revivre votre enfant.

9.

J' feuch ripaille a mouton bianc,
Et peu j' perneuch, en ervenant,
Pò dou fou de paf chu Bernardel,
Ç' let nos é chaffeut let çarvelle.
J' feuch cas boere chu Vanneson
De l'aou de Cognac pò in masson (8).

Traduction.

Nous fimes ripaille au mouton blanc,
Et puis nous primes, en revenant,
Pour deux fols d'eau-de-vie chez Bernardel,
Cela nous a chauffé la cervelle.
Nous fûmes encore boire chez Vanneson
De l'eau de Cognac pour un masson.

---

(8) ancienne pièce de monnoye.

10.

'La temps de hater nos compiments,
J'ons portant ca jecque d'important,
Es matte à bout d'notte ermontrance.
Ç a que vos fah*i*nque enne ordonnance,
Po qu'on nos baïeuffe des chépés,
Et des pariques & des fôlés.

Traduction.

Il eft temps de hâter nos complimens,
Nous avons pourtant encore quelque chofe
d'important
A mettre au bout de notre remontrance.
C'eft, que vous faffiez une ordonnance,
Pour qu'on nous donne des chapeaux,
Et des perruques & des fouliers.

11.

On ne nos baille que de manre hébit,
J'ons b*i*n d'let poine & po d'profit,
I n'y é qu' l'honneur qu' nos retenneu*ch*,
Sur tout ful de hoiguer votte cu*ch*;
Sans c'let j'emer*i*ns meux ête foudar,
Je n'ferons dy moins tojô ès l'ar.

Traduction.

On ne nous donne, que de moindres (mauvais) habits,
Nous avons bien de la peine & peu de profit,
Il n'y a que l'honneur qui nous retienne,
Sur-tout celui de garder votre porte;
Sans cela nous aimerions mieux être foldats,
Nous ne ferions du moins pas toujours à l'air.

NOEI
SUR LES TROIS ROIS.

Boin jo, mou bé Faillon,
Sans ve depiaire, qui font
Teurtos folet, qu' font tot efprès vos,
Qu' nos ont bailli let tranfe & ca let pô,
Da qu' je les évons vus
Su let montaigne,
Qu' l'ont dechandu,
Et qu' tenont teurtôt let campaigne ?
Si nos evint pris,
Nous ferint-ils meuri ?

Traduction.

Bon jour, mon beau Faillon !
Sans vous déplaire, qui font
Tous ceux-là, qui font tout auprès de vous,
Qui nous ont donné la tranfe & encore
   la peur,
Dès que nous les avons vus
Sur la montagne,
Qu'ils ont defcendus,
Et qui tiennent toute la campagne ?
S'ils nous avoient pris,
Nous feroient-ils mourir ?

2.

Nian, n'en dôtez mi,
Ce ne font des ennemis,

Mais bin tro Ros, qu' venont de l'Orient,
Etvou de l'O, de let myrrhe & cas de
l'encens,
Pou z en faire zos dons
Et zos hommeiges
Es incque, dit-on,
Qui a né Ro
Dedans in villeige.
Demourez touci,
Et ca vos bétes affi.

Traduction.

Non, n'en craignez rien,
Ce ne font pas des ennemis,
Mais bien trois Rois, qui viennent de l'Orient,
Avec de l'or, de la myrrhe & encore de
l'encens,
Pour en faire leurs dons
Et leurs hommages
A quelqu'un, dit-on,
Qui est né Roi
Dans un village.
Demeurez ici,
Et vos bêtes aussi.

3.

Mon chier feu, je faivons
Lou Ro let, qui quoiront,
Je l'evons vu & l'evons vifité,
Dans enne étabe pieine de porté,
Couchi,

Echantillons du Lorrain. 81

Couchi dſus di train,
Et n'et qu'*in* aiſne,
Et *in* bu pou train.
L'étabe at eſcoutaie d'*in* chaiſne,
Qu'on vou da touci,
Lou val tôt vis & vis.

Traduction.

Mon cher fils, nous ſavons
Ce Roi là, qu'ils cherchent;
Nous l'avons vu & l'avons viſité
Dans une étable pleine d'ordure,
Couché ſur de la paille.
Et il n'a qu'un âne
Et un bœuf pour compagnes.
L'étable eſt à côté d'un chêne,
Qu'on voit d'ici,
Le voilà tout vis-à-vis.

4.

Eſdée, mou boin èmi,
J ne ſe fa me trou fiy
Es des ſoudars, qu'on pantin ſur l'até.
J pourrin cas bin panre nos troupé.
Set, moignons les pranzie
Deſſous let goulatte
Di fond di paquis (9);
Mais il fa roté les quieuchattes
Di co des berbis,
Que les ferin découvri.

---

(9) Endroit, où les chevaux paiſſent toute l'année.

F

Traduction.

A cette heure, mon bon ami,
Il ne se faut pas trop fier
A des soldats, [qui n'ont point une mine bien sure.]
Ils pourroient bien prendre nos troupeaux.
Çà, menons-les paître
Sous la houlette
Du fond [du bosquet];
Mais il faut ôter les clochettes
Du cou des brebis,
Qui les feroient découvrir.

5.

Cet, compére Micha,
Boutons nous en meucha,
Derri let heye, qu'at on de let di fouffé;
L'inque esprès lât on les voairo peffé.
Paix! couche teu in po, pa ce que
Les val que paiffent.
Poulchu, ça tout vrai,
Qui font teurtous allé en chaiffe
De l'affant, qu'a dit
Lou Prince di peys.

Traduction.

Çà, compère Micha,
Mettons-nous en tas
Derrière la haye, qui est en delà du foffé;
L'un après l'autre on les verra paffer.
Paix! tais-toi un peu, parceque
Les voilà qui paffent.

Echantillons du Lorrain.

Ma foi, c'eſt tout vrai,
Qu'ils ſont tous allé à la chaſſe (pour cher-
   cher)
De l'enfant, qui eſt dit
Le Prince du pays.

6.

Enfin, les val paiſſés
Et nos val échaippés;
Courons eſprès, pou vor, ſe l'entreront
Dans l'étabe, & qué mine qui tanront.
J vont en Bethléem
Laichant Hérode
Dans Jeruſalem.
Ce que l'Einge et dit,
Mout bien s'eeóde,
Quand i nous et dit,
Que 'latò Ro di peys. &c.

Traduction.

Enfin, les voilà paſſés
Et nous voilà échapés;
Courons après, pour voir, s'ils entreront
Dans l'étable, & quelle mine qu'ils tien-
   dront (feront).
Ils vont à Bethléhem,
Laiſſant Hérode
Dans Jeruſalem.
Ce que l'ange a dit,
Fort bien s'accorde,
Quand il nous a dit,
Qu'il étoit le Roi du pays.
&c. &c.

CHAP. IV.
EBAUCHE
D'UNE
GRAMMAIRE PATOISE.

PRONONCIATION, ORTHOGRAPHE
ET
FORMATION DES MOTS PATOIS.

Nous allons comparer le Patois du Ban de la Roche avec le François d'aujourd'hui, pour montrer, de quelle manière les sons & les mots se sont altérés dans la prononciation. On verra par-là bien souvent, que, comme nous l'avons dit, il y a beaucoup de restes de l'ancien François, & beaucoup de rapport avec le langage provincial de différens autres cantons de la France; on observera des corruptions faites par l'ignorance & la paresse; on sera étonné de voir, jusqu'à quel point il a été altéré par le commerce avec les Suisses & les Allemands.

Mais pour donner des idées juſtes autant qu'il ſe pourra de la prononciation, on nous permettra de nous ſervir de quelques ſingularités dans l'orthographe ; car notre patois n'a pas moins la ſienne, que la langue la plus ſavante du monde. Je ne fais là d'ailleurs que ſuivre l'exemple de M[r]. de *Roſtrenen* dans ſon *Dictionnaire bas - Breton*, & de l'anonyme, qui a donné le *Dictionnaire Languedocien*.

1. D'abord les lettres *e* & *i*, ſuivies de l'*n* naſale, retiennent ſouvent leur ſon naturel. C'eſt ainſi, qu'en diſant *en valà*, on prononce *en*, comme dans *lien, muſicien.* Si cependant cet *en* eſt ſuivi d'une voyelle, il perd le ſon naſal. Ainſi, lorſque je dis : *en ettodant*, c'eſt à peu près, comme s'il y avoit *enn —* De même on prononce l'*i* dans *in, vin, bin*, comme s'il y avoit *yn, vyn, byn*. Au reſte, cet uſage s'obſerve encore dans quelques autres langues provinciales de la France. Pour marquer cette différence dans la prononciation, j'ai pris le parti de diſtinguer ces *e* & ces *i*, en les mettant en caractères oppoſés aux autres lettres, de cette manière, *en valà, en ettodant, vin, bin, in.*

2. Outre les *e* ordinaires en François, il y en a encore un, que la Lorraine doit

peut-être aux Suisses & aux Allemands de la haute Alsace. C'est un *é*, qui se prononce fort gras & en traînant. On pourroit l'appeller *e plus qu'ouvert*, comme on a dans la conjugaison un parfait, qu'on appelle plusqueparfait. Pour le distinguer dans notre écriture, j'ai adopté l'*æ*, dont on se sert en Allemand, & qu'un mauvais usage a fait fréquenter encore dans l'écriture Latine; car les Latins ne s'en servoient qu'en cas de besoin, comme sur la légende des médailles. J'écris donc *hæte*, hâte; *tæ*, tard; *égærer*, égarer. Au reste, M^r. *de Rostrenen* s'est servi de la même lettre peut-être pour la même raison dans le bas-Breton. Et dans le Languedocien M^r. *de S**** a été obligé de recourir à un *ë* pour exprimer une certaine nuance, qui se trouve dans la prononciation du Gascon.

3. L'*é*, qui se trouve à la fin des mots avant un *e* muet, a proprement un son intermédiaire entre *e* & *i*; comme dans *mottée*, moutier, église, qui se prononce presque comme *mottíe*.

4. Ce qui est bien distinctif pour notre patois, c'est l'usage du *ch* Suisse ou guttural très-fréquent & allié d'une étrange façon avec la délicatesse de la langue Fran-

çoife. Il fe prononce du fond du gofier, bien gras. Pour l'exprimer, je me fers du *ch* en lettres oppofées aux autres ; en écrivant, le *ch* fouligné feroit le même effet. On trouvera cette lettre dans *laichi*, laiffer ; *rèche*, refte ; ch*ton* effaim ; *duch*, dur ; ch*afi*, chauffer ; ch*litte*, traineau &c.

5. De la même manière j'emploie la lettre *h* en caractères diftingués, pour marquer, qu'il la faut afpirer ou prononcer fortement contre coûtume, comme dans *mouahon* &c.

6. Enfin il faut remarquer, que le *dch*, *tch*, *dg*, *tg*, qui fe trouve dans plufieurs langues Orientales, comme encore dans celles qui defcendent de l'Efclavon, & qui fe fait entendre de même dans la bouche des Anglois, Efpagnols, Italiens & Gafcons, fe trouve dans notre patois. Car comme on prononce en Anglois tragédie, *traidgedy* ; revenge, *revendge* ; — en Efpagnol mucho, *mudcho*, beaucoup ; defpecho, *defpedcho*, dépit ; — en Italien Cicerone, *Dchidcherone* ; città, *dchittà*, ville ; giuoco, *dgioco*, jeu ; giallo, *dgiallo*, jaune ; celebrare, *dchelebrare* ; gefto, *dgefto* ; — en Gafcon *lengatge*, langage ; *gatge*, gage &c. v. p. 59 & 60. item traficho, *trafidcho*, clou de poids ou grand clou ; chi, *tchi*, chien &c. — de même on dit au Ban de

la Roche *djadin*, jardin ; *dchotte*, choux ; *dchâdgi*, charger, *dchvâ*, cheval ; *vaitche*, vache ; *dchevrue*, chevreuil ; *djas*, jas, coq ; *Djæques*, Jacques &c.

Voici un petit badinage composé par le concours de ces *dch* & *dj*.

Dj'ai tôt pien mo saitcha d' dchai d' dchaitte sadche è lè couorbe. J'ai tout plein mon sachet de chair de chat sèche à la courbe. v. *couorbe* dans le glossaire.

Passons aux altérations ou changements des voyelles & des diphthongues.

Pour *a* il y a *ai* ou *æ* très fréquemment. L'on dit *mærin*, matin ; *mærdchà*, maréchal ; *bais*, bas ; *gaigne*, gagne ; *vouiædge*, voyage ; *paissé*, passer ; *rætte*, souris ; *aici*, acier &c. D'ailleurs c'est là l'ancienne prononciation Françoise, qu'on exprimoit aussi en écrivaut. v. p. 16. 19. 39. Dans le *Codicille* de *Jean de Meung* on lit v. 341.

„ Mal furent telz avoirs & acquis & *gaigné*.

Dans les œuvres de *Mellin de S. Gelais* (édit. de Paris 1719.) p. 40.

„ Trois *compaignons*, pensant en trois *com-*
 paignes,

Grammaire Patoise.

„ Se promenoyent par les larges *campai-
gnes* &c.

En Bourguignon l'on dit encore *ainge*,
ange; *grainge*, grange; *étrainge*, étrange.
v. p. 61.

a changé en *o*, *dedons*, dans; *mai-
sondge*, méfange; *lè longue*, la langue.
C'eft le fon ruftique, fort fréquent fur-
tout aux Allemands de la province.

Pour *au* il y a *á*. *áte*, autre; *áne*, aune;
há, haut; *fávatte*, fauvette. Dans le
vieux langage l'on trouve ainfi *chafier*,
p. 22. *mavais*, p. 32. *martias*, p. 33.
novias, p. 34. pour chauffer, mauvais,
marteaux, nouveaux. Dans le mot *au-
tant*, on a coutume d'afpirer le *t* après
avoir changé *au* en *a*, de façon qu'on dit
áchtant, du fond du gofier.

e changé en *a*. *violatte*, violette; *lo sà*,
le fel; *bac*, bec; *n'a*, n'eft; *nadge*, neige;
pra, prêt &c. comme *grat* pour gré en
Gafcon. v. p. 59.

Pour *e* il y a *i*. *biai*, beau, comme au-
trefois, v. p. 30, 31, 32. *li*, les; *dis*, des.
comme p. 21. 22. 30.

é changé en *i* dans les participes masculins, comme *fouadchi*, fâché; *mendgi*, mangé; *voidgi*, gagé; *laichi*, laissé. Ces participes en *i* terminent leurs féminins en *éïe*, *fouadchéïe*, *laichéïe*. Les autres en *é* le font en *aïe*, comme *d'né*, donné, f. *d'naïe*, donnée; *mouonné*, mené, f. *mouonnaïe*.

e changé en *o*. *possé*, penser; *lo dont*, la dent; *onfier*, enfler; *lo vonte*, le ventre; *le çondre*, la cendre &c. A dire vrai, il me semble cependant, que cette métamorphose de l'*e* en *o* vient de ce que ces gens, qui ne connoissoient pas l'écriture, regardoient le son de la prononciation, de façon, qu'il faut rapporter ce changement à celui de l'*a* en *o*. Au reste *lo* pour *le* se disoit aussi anciennement. v. p. 22. 24. 28.

e changé en *ou*. *pouchou*, pêcheur.

ée final changé en *aïe*. *rousaïe*, rosée; *djalaïe*, gelée; & dans les participes féminins *aimaïe*, aimée; *poutaïe*, portée, &c.

è changé en *é*. *pére*, père; *mére*, mère &c.

eau changé en *ée* ou *ie*. *tropée* ou *tropie*, troupeau; *nôvée*, nouveau; *coourbée*, corbeau. C'est peut-être delà que l'e s'est

Grammaire Patoise. 91

conservé avant l'*au* dans ces mots. L'*au* pur sans *e* étoit autrefois *a* & s'y change encore. v. p. 89.

ei changé en *o*. *foze*, seize ; *troze*, treize &c.

ei changé en *ouo*. *pouone*, peine. Cette diphthongue rustique est fort en usage dans ce patois, comme l'on verra par la suite. Une autre presque semblable l'est dans le Gascon, où l'on dit *foou*, faut ; l'*oouriginau*, l'original. v. p. 51. item *miôou*, mulet ; *môourë*, moudre &c.

es changé en *ch* Suisse ou guttural. v. dans le Glossaire *chtæleie*, *chtaïe*.

Pour *eu* il y a *ou*. *houre*, heure ; *pouchou*, pêcheur ; *mouiou*, meilleur ; *dchaffou*, chasseur &c. *dj'ous*, *t'ous*, *il out*, j'eus, tu eus, il eut &c. En cela notre patois convient avec le vieux langage. On disoit autrefois *Seignour*, v. p. 39. *out*, eut p. 15. 19. *dou*, deux p. 25. *traitour*, traître, quasi traiteur. p. 37. En Gascon c'est l'ordinaire de dire *pastour*, pasteur ; *houro*, heure ; *Salbadou*, Sauveur, v. p. 54 &c. Dans le Provençal on dit *lectour*, lecteur ; *Douctour*, Docteur ; *famoux*, fameux ; *peoüillous*, pouilleux &c. v. p. 50 &c.

Pour *eu* il y a *aou. pavou* ou *paou,* peur. Le mot patois eſt ici encore plus analogue à celui de *pavor* dont il deſcend. Auſſi diſoit-on autrefois *paour.* v. le Celthelleniſme de *Trippault.* D'ailleurs voici encore un ſon commun aux Languedociens, qui diſent *baraou,* traverſe, perche; *ſiáou*, calme, tranquille &c.

Pour *eu* il y a *o. ʒos,* eux. Ainſi anciennement *ços,* ceux. v. p. 29. *ploroit,* pleuroit. p. 31. & 27.

L'*e* ſe retranche ſouvent au milieu des mots. *r'nai,* renard; *m'tée,* metier; *dan'ra*, donnerez &c. C'eſt ainſi, qu'on diſoit anciennement *tenrons,* tiendrons v. p. 35. *venra,* viendra v. p. 41. *Marot* dit Pſ. 2. *don'ra,* donnera. & *Henri Etienne* (hypomn. de L. Gall. p. 100.) dit de ſon temps, que les poëtes employoient également *donrai* ou *dorrai* pour donnerai.

i changé en *é. dére,* dire; *déhont,* diſent; *pré,* prix &c. En Bourguignon *prei,* prix; *quei,* qui &c. v. p. 65. En Gaſcon on dit *cero,* cire.

iè changé en *eu. peuce,* pièce.

i changé en *u. deſurè,* deſirer. *domprum,* de *tum primum.* v. ce mot dans le Gloſſaire.

i inféré. *tierre*, terre; *vié*, ver; *enfié*, enfer; *fié*, fer; *envié*, hiver; *coulieuve*, couleuvre &c. C'est ainsi, que dans l'ancien langage l'on trouve *mangied*. v. p. 17. *chier*, p. 21. *efchielles*, *lancier*, *gaignièrent* &c. v. p. 37. &c. item *tierre*, p. 33. *terriens*, p. 21. *confeillier* p. 26. *viers* p. 33. & le Roman de *Guill. d'Orenges* dans *Sinneri* Cat. MS. Bern. p. 343. Au XVI siecle l'on disoit également *danger* & *dangier*, *étranger* & *étrangier*. v. *Henri Etienne* hypomnef. L. Gall. p. 30. *Pathelin* dit *couchié*, *mouchié*, *chief*, *chievre* &c. &c.

i, *it* retranché, comme en Bourguignon, *bru*, bruit; *rù*, ruisseau, autrefois *rius*. v. p. 33. Item *cévére*, civière; *m'tée*, métier; *motée*, moutier; *braiferes*, braisières &c.

Pour *o* il y a *a*. *valer*, voler; *valanté*, *valotté*, volonté. Dans l'ancien langage on trouve *volanté*, v. p. 29.

o changé en *i*. *il tinne*, il tonne.

o changé en *ou*, *oou*. *roufaie*, rosée; *coourbée*, corbeau. Les Gascons disent *moun*, *toun*, *foun*, mon, ton, son; *boun*, bon; *mout*, mot; v. p. 58. item *countugna*, continuer; *courdetos*, cordons; *couftala*, côteau; *ourm*, ormeau &c. En Provençal on dit *foulido*, solide; *la coupie*, la copie &c. v. p. 51.

o inféré. *couoraidge*, courage.

o retranché. *s'né*, sonner ; *d'rmi*, dormir ; *pr'mouoné*, promener ; *c'mandè*, commandé &c.

Pour *oi* il y a *æ*. *nære*, noire. Ainsi à peu près on disoit autrefois *véons*, voyons. v. p. 21. *véoit*, voyoit. p. 30. *quei*, quoi. p. 17. *lei*, loi. p. 18.

oi changé en *a*. *valà*, voilà.

oeu changé en *ue*. *bûe*, bœuf.

Pour *oi* il y a *eu*. *mireù*, miroir. Autrefois l'on disoit *eu* pour *ou* comme *je treuve*, v. Marot Ps. 12.

oi changé en *uo* ou *o*. *beson*, besoin ; *do-buô*, du bois. En Bourguignon l'on dit aussi *du bo*. Delà vient *Bos le Duc*.

oi changé en *ou*, *ouo*. *mouteyé*, moitié ; *doeu*, devoir ; *pouon*, point ; *aou*, avoir &c.

Pour *ou* il y a *o*. *molin*, moulin ; *tropée*, troupeau ; *de jò*, de jour ; *rodge*, rouge &c. Dans l'ancien langage c'étoit tout de même. *demoroit* v. p. 15. *governer*. p. 26. *tot*, tout. *nos*, nous. p. 28. *tos jors*, pour *toujours*. dans les Fabliaux du XIV. S. dans *Sinner*

l. c. p. 378. &c. En Bourguignon on dit encore *fejor*, tôte, *lico*, *por*, *corone* v. p. 61. &c. De même en Gascon *trobi*, trouve; *cop*, coup. v. p. 58. 59.

ou inféré. *pouâlé*, parler; *fouâdchi*, fâché; *bouon*, bon. &c. Cela s'accorde avec l'Italien *buono*, *fuoco*, *fuora* &c.

u changé en *e*. *enne*, une. En Bourguignon c'est ici de même. v. p. 61.

u changé en *i*. *inque*, un, quelqu'un. Peut-être est-ce pour *un qui*. Mais quand *un* est article, on dit *in*; *in molin*, un moulin.

u prononcé comme *ou*. *reccousé*, accuser; *lo mousie*, le museau &c. Dans un ancien titre de 1257. on lit *dou pais* pour *du pais*.

ui changé en *eu*. *condeusse*, conduise; *eute*, huit; *neut*, nuit; *meneu*, minuit. En Bourguignon tout de même. v. p. 68.

Voilà à peu près ce qui regarde les voyelles. Dans les consonnes, il n'y a pas moins d'altération. Une grande quantité est retranchée dans la prononciation. Les voici:

b retranché comme autrefois. *diale*,

diable. Les Bourguignons & les Picards en diſent de même. On trouve *diaule* au XII S. v. p. 25.

d retranché comme jadis. *tenre*, tendre; *tenrons*, tiendrons. v. p. 35. & *venra*, viendra. p. 41.

g retranché. *do ſale*, du ſeigle.

h aſpirée retranchée. *oeurſon* ou *oeurſo*, hériſſon.

l retranchée, comme jadis. *dchvā*, cheval; *trevēi*, travail; *pūtot*, plutôt &c. Ainſi autrefois *ſavement* pour *ſalvament*, ſalut. v. p. 31. *moūt*, moult, beaucoup.

m retranchée. *cobin*, combien.

n retranchée. *Merriō*, Marie, Marion. De même on dit auſſi en Gaſcon *mettenō*, maintenant; *mō*, *tō*, *ſō*, mon, ton, ſon &c. C'eſt ainſi qu'on trouve *covoitiſe* dans un poëme cité par M^r. de Sinner l. c. p. 349.

r retranchée. *batte*, battre; *ſe tuoné*, ſe tourner; *i cout*, il court; *penre*, prendre; *djadin*, en Bourguignon *jadin*, jardin; *vote*, votre &c.

Grammaire Patoise.

s retranchée. *jeute* ou *djeutte*, juste.

t retranché. *lore*, loutre.

Les autres changemens des confonnes fe réduifent peut-être aux fuivans; ils font à la vérité des plus remarquables.

bl fe change en *y*. *taye*, table; *chtaye*, étable. Les Bourguignons difent *taule*, *chtaule*. Et dans l'ancien François il y a *diaule*, diable. v. p. 25. En Gafcon *táoulié*, table ou tablette d'un attelier de vers à foie; *táoulo*, table ou planche.

c ajouté au commencement. *lo cma*, du Latin *malum*, la pomme.

ch changé en *ff* ou *f*. *branfe*, branche; *effévi*, achever &c.

le *ch* Suiffe ou guttural ajouté aux mots, foit au commencement, foit à la fin. *lo chpouffa*, la pouffière; *lè chtaye*, l'étable. *lè paiche*, la paix.

le *g* changé en *v*. *voidgi*, gager; *vouère*, guère; *vouadè*, de l'Allem. *warten*, garder. Jadis on difoit *wardet* pour *gardé*. v. p. 36. Item *warandus* dans le Latin du moyen âge, de l'Allemand *Gewæhr*. Les François en ont fait *garant*. C'eft ainfi, que *Guillaume* eſt en Allemand *Wilhelm;* *guetter*, *warten*; la haute *garde*, die hohe *Wart*.

la lettre *l* changée en *i* devant les voyelles à l'Italienne. Car comme les Italiens diſent *fiume*, *piombo*, *fiore*, *bianco*, *pieno*, *piacere* &c. de même on dit en patois *fiour*, fleur; *piooue*, pluie; *onfiè*, enfler; *piaintche*, planche; *bianc*, blanc; *kiou*, clou; *piomb*, plomb; *kié*, clé &c.

l ou *ll* mouillée changée en *y* ou *ï*. *mé feï*, (à Paris, *ma fiye*) ma fille; *couonaye*, corneille; *viyaſſe*, vieilleſſe; *taiyè*, tailler; *brouïaird*, brouillard &c.

mble changé en *nn. ſenne*, ſemble; *enſenne*, enſemble. En Bourguignon *anſanne*. v. p. 69.

r finale changée en *ch* Suiſſe ou guttural. *duch*, dur; *chieuch*, cher; *ouch*, ours &c.

ſ changée en *h* aſpirée entre deux voyelles. *mouahon*, maiſon; *rahon*, raiſon; *ouheu*, oiſeau; *dehont*, diſent; *dom'halle*, ſervante &c.

s, ſſ, c, changés en *ch* Suiſſe ou guttural. *pouachonne*, perſonne; *chton*, eſſaim; *pouchon*, poiſſon; *pichtôlet*, piſtolet; *echcuoche*, écorce &c.

t changé en *y*. *féyé*, faites.

t changé en *q*, aux environs de Luneville. *bequiâ*, bateau; *pouquè*, porter; au Ban de la Roche on dit *betiâ*, *poutè* ou *pouôtè*.

Ajoutons encore deux remarques à toutes les précédentes. Ce patois admet une fréquente transposition de lettres. par ex. on dit *ebbovrer*, abbreuver; *merkeudi*, mercredi; *f'rmont*, froment; *felô*, foleil; *bacqueffe*, bécaffe &c.

Ensuite les noms propres se trouvent mutilés fort souvent. *Sabèth*, *Sàbètte*, Elifabeth; *Colæ*, Nicolas; *Müôdcho*, Dimanche, Manchon, Dominique; *Moüodchatte*, Manchette, Dimanchette &c. De la même manière on dit *co* ou *ecco*, encore.

Nous terminerons cet article par faire voir à nos Lecteurs, à quels méfentendus cette prononciation donne lieu aux habitans du Ban de la Roche, lorsqu'ils s'avifent de parler François. Comme ils voient, qu'il faut dire en bon François *plomb*, *plante*, *plein*, ils difent de même *ploche* pour *pioche*, *plonnier* pour *pionnier*.

S'appercevant, qu'il faut dire *fendre*, lorsqu'ils disent *fondre* ou plutôt *fonre* en patois, ils croyent bien faire de dire dans une autre occasion *fendre* pour *fondre*; comme un *fendeur* de cloches. C'est ainsi qu'ils s'aviseront aussi de dire „ il y a une „ heure de temps que *nous mentons* conti„ nuellement „ pour *nous montons* &c.

Ils confondent de même souvent *promettre & permettre*. Ils diront aisément, „ *promettez*-moi, Monsieur, que je fasse „ ceci. „ ou bien „ puisque vous m'avez „ *permis* de m'écouter, vous me *promettrez* „ de vous le raconter. „

Item *tromper & tremper*; „ Ah, ne vous „ y *trempez* pas. Item „ Je mange du pain „ *trompé* dans le vin.

Ensuite *content & canton*. „ J'ai été „ bien *canton* de le voir. „

Item *san* pour *son*. „ Ils promettront „ de se souvenir d'une chose *en cent ans* „ (*en san temps*) pour *en son temps*.

Ils se trompent également sur beaucoup de mots, qui ne sont point d'usage en patois.

Ils diront *infirmer* au lieu d'*affirmer*. „ Ah! je l'*infirmerois* bien par serment.

colline pour *vallée*. „ voyez, c'est dans „ cette *colline* là bas.

inviter pour *éviter*. „ Il faut tâcher d'*in„ viter* les frais autant que possible.

allumer pour *éclairer.* En parlant d'un voyage à faire de nuit, quelqu'un s'offrira à l'aide d'un bon flambeau, *d'allumer toute la compagnie.*

infection pour *affection.* v. p. 74.

engendrer pour *hériter.* „Il a *engendré* „ſon père, qui eſt mort il y a ſix mois.

tonnerre pour *tourneur.* „Il faudroit un „*tonnerre* pour raccommoder ceci.

brutalité pour *pluralité.* „Il a été élu „à la *brutalité* des voix.

batard pour *pétard.* „Quand nous ſom- „mes paſſés, nous avons vu tous les *ba-* „*tards* placés en chemin.

corrompre pour *convaincre.* „J'ai tout fait „ pour le *corrompre.*

Tué pour *tû.* „Quand je me ſuis *tué*, „mes os ſe ſont envieillis. *Pſeaume* 32.

inſtrumens pour *inſtructions.* „Je vous „ſuis obligé, Mr. des bons *inſtrumens,* „que vous avez donnés à mon fils.

peur pour *part.* comme, lorſqu'en ſe mettant à table, ils ſouhaitent d'avoir *peur* un jour à la table céleſte.

trompette pour *tempête*. „ Quoique sur „ ma tête, gronde la *trompette*.

Meſſieurs les prédicateurs ont grand ſujet de s'abſtenir en chaire de tous les mots & termes, qui pourroient être mal compris par leurs auditeurs. En parlant de *l'Aſſyrie*, ceux-là croiroient, qu'il eſt queſtion d'une *ſcierie;* en faiſant mention, d'après l'ancien Teſtament, *des Satrapes du Roi de Perſe*, ils penſeroient à des *attrapes*.

DU GENRE.

Le genre des noms ſubſtantifs varie beaucoup, &, ce qui eſt aſſez ſingulier, c'eſt qu'il eſt ſouvent conforme aux mots Allemands de la même ſignification. Ainſi l'on dit *lè dchaitte*, le chat; *lè trèvëï*; le travail; *lè prátche*, le prêche; *lè carroſſe*, le carroſſe; *l'air a dcháde*, l'air eſt chaud. Item *lo chpouſſa*, la pouſſière. Il y a cependant d'autres mots, dont le genre s'accorde auſſi peu avec l'Allemand, qu'avec le François, comme *l'è dchême*, le chanvre; *lè bonhoure*, le bonheur, comme qui diroit *la bonne heure*; *lè malhoure; enne groſſe malhoure; lè cimetíre*, le cimetière; *lè cantique*, le cantique; *lè dchotte*, les choux; *lè dchapitre*, le chapitre; *lè leván*, le levain; *lè lieuve*, le lièvre. &c

DÉCLINAISON DES NOMS.

1. avec l'article indéfini.

Djeando (*Jean*) Djeanni (*Jean Nicolas*) Mouâtin (*Martin*), Bæchtin (*Sebaſtien*), Miquéle (*Michel*), Merriò (*Marie*), Moùarguitte (*Marguerite*), Bærbe (*Barbe*) &c. de Djeando &c. è Djeando &c.

Mon-ſieù, Mèdemme, de Mon-ſieù &c. Men-ſieù, Misdemmes, de Men-ſieù &c.

2. avec l'article d'unité.

In buôbe (*un garçon*), d'in buôbe, è in buôbe.

Enne fomme (*une femme*), d'enne fomme, è enne fomme.

3. avec l'article défini.

ſans apoſtrophe.

Lo maite (*le maître*), do maite, au maite.

Lè domm'halle (*la ſervante*), dè domm'halle, è lè domm'halle.

Lis maites, lis domm'halles, dis maites, is maites &c.

Lo pour *le* eſt d'un ancien uſage. v. p. 24. 28. &c. & le Gloſſaire. *Li* pour *les* tout de même. v. p. 15. 21. &c. & le Gloſſaire.

avec l'apostrophe.

L'aindge (*l'ange*), de l'aindge, è l'aindge
L'houre (*l'heure*), de l'houre, è l'houre
Lis aindges, dis aindges, is aindges ; lis houres, &c.

4. *avec l'article partitif.*
devant le substantif.

Do vin, de vin, è do vin.
De l'aoue (*de l'eau*), d'aoue, è de l'aoue.
Dè dchai (*de la viande*), de dchai, è dè dchai.
Dis cmas (*des pommes*), de cmas, è dis cmas.

Le Génitif est quelquefois semblable au Nominatif.

In pot de biére,
   un pot de bière.
mais *in* po dè biére,
   un peu de bière.
Dis *ch*nitses de cmas,
   des quartiers de pommes.
mais trop b*i*n dis cmas,
   beaucoup de pommes.

devant l'adjectif.

Do bouôn f'rmaidge, (*du bon fromage*), de bouôn f'rmaidge, è do bouôn &c.
Dis belles pourres (*de belles poires*), de belles pourres, è dis belles pourres.
Ce Plurier se fait quelquefois comme en François par *de*, comme : d'aigres-

dchottes (prononcez : d'èguerdchottes, *des choux aigres ou salés, de la four-kroute*) G. d'aigres-dchottes. D. è d'aigres-dchottes.

DES PRONOMS.

1. Personels absolus & conjonctifs.

Dje, te, il, elle. (*je, tu, il, elle.*)
Dje, vos, il, elles. (*nous, vous, ils, elles.*)
Mi, ti, lû, léi. (*moi, toi, lui, elle.*)
Nos, vos, zos, zolles. (*nous, vous, eux, elles.*)

Anciennement on disoit également *nos, vos,* v. p. 21. *zos* a du rapport avec *ceos* p. 23. v. aussi le Glossaire.
li, (*leur*)

Pour *soi*, qui n'est pas en usage, on dit *lû* ou *léi*.

Pour *en* se dit *en* & (comme en Italien) *ne*.

In, inc, inque (*quelqu'un*) in que, (*quelqu'un qui*).

Exemples.

In que vourra chacquer ou dchâder, (*échauder, brûler*) lis daï, en éré bin lo leu toci.
> quelqu'un, qui voudra se brûler les doigts, en aura bien l'occasion (le lieu) ici.

Vos en fas lè cafe :
> vous en êtes la cause.

Dje li ai d'nè è mendgi.
>je leur ai donné à manger.

Vos n'èra t'rtu.
>vous en aurez tous.

Vos n'èra t'rtottes.
>vous en aurez toutes.

On ne se denne vouè de pouonne.
>on ne se donne guère de peine.

Dæt on se r'loï lû menme?
>Doit-on se louer soi même?

Il fa se cnoch inc lû menme.
>Il faut se connoître soi-même.

Il fa sondgi inque è lû menme, & se défyi inque de lû menme.
>il faut songer à soi-même & se défier de soi-même.

2. Possessifs.

Mò, tò, sò, (*mon, ton, son.*)
Mè, tè, sè, (*ma, ta, sa.*)
>Jadis on disoit également *se* pour *sa.*
>v. le Glossaire. Item p. 35.

Devant la voyelle il y a *m'n, t'n, s'n*, pour les deux genres: *m'n ardgent*, mon argent; *t'n écr'tole*, ton écritoire; *s'n homme*, son mari.

Lo méi, lo téi, lo séi: (*le mien* &c.)
Lè méie, lè téie, lè séie, (*la mienne* &c.)
>Le mot *seie* est d'un usage ancien v. le Glossaire.

Grammaire Patoise.

Lis méis (ou méies) &c. (*les miens* ou *miennes* &c.)

Note, vote, lieu: (*notre, votre, leur.*)

Nottis, vottis, lieux: (*nos, vos, leurs.*)

Lo note (lè note) lo vote, lo lieu.

Lis notes, lis votes, lis lieux.

Lieu bouonne conduite.
  leur bonne conduite.

Lieux hébits déchûris.
  leurs habits déchirés.

3. *Démonstratifs.*

Lo-ci, lo-là, lè-ci, lè-là: (*celui, celui-ci, celui-là, celle, celle-ci, celle-là.*)

Lis fountes, (*ceux, celles.*)

Lis fountes-ci, lis fountes-là: (*ceux-ci, celles-ci, ceux-là, celles-là.*)

On dit aussi *celle* pour *cette*, dans cette phrase : à celle fin que &c. *à cette fin, afin que* &c. Dans l'ancien langage c'est de même. v. p. 38. & le Glossaire.

Lo dcheù-ci, lè muaho-là.
  ce chariot,   cette maison,

Lè pache-ci, ou lè gandmousse-ci.
  cette poche.

Ci qu'a djeutte:
  ce qui est juste.

Autrefois on disoit aussi *cil, qui* pour *ceux, qui* — v. p. 38.

Le mot *fountes* approchant dans la prononciation *de fouttes, fottes*, il peut arriver, qu'en parlant François, quelqu'un dise: „ *Les fottes*, qui me croiront, verront bien, „ si je tiens parole? voulant dire: *celles*, qui me croiront &c.

4. *Interrogatifs.*

Qué, quée: (*quel, quelle*). Ceci approche de l'Italien *che*.

Devant la voyelle on entend *quéele*, en demandant: *quéele houre*, quelle heure.

Qué, dé qué: (*quoi, de quoi*).
Loquéle, (*lequel*) doquéle, auquéle.
Lèquéele, (*laquelle*) dequeele, è lèquéele.
Lisquéles, (*lesquels*) disquéles, isquéles.
Lisquéeles, (*lesquelles*) disquéeles, isquéeles.

Notez: *qui* est interrogatif, mais lorsqu'il devient relatif, il se change en *que*.

Lo - ci que vourra:
    celui qui voudra.

Lis fountes que vanront:
    ceux qui viendront.

Dans la phrase *qui est - ce qui* &c. on omet *est - ce*, comme:

Qui qu'é lè kié?
    qui (est - ce) qui a la clef?

Qui qu'a lo maîte?
    qui (est - ce) qui est le maitre?

Loquéle dis douffe?
> lèquél des deux?

Lèquéele dis træche?
> laquelle des trois?

Loquéle qu'a lo pû vie?
> lequel (eſt-ce) qui eſt le plus vieux, l'aîné?

Lèquéele qu'à lè pû djonne?
> laquelle (eſt-ce) qui eſt la plus jeune, la cadette?

Qué béte? quée rahon!
> quel animal? quelle raiſon!

Qu'à ce qu'il vos é fait?
> qu'eſt-ce, qu'il vous a fait?

LES NOMBRES.

Inc, douffe, træche, quoète, cinq, *ché*, ſept, œute, nieuf, déche, onze, doze, troze, quoètoche, quinze, ſoze, déchette, décheute, déchenieuf, vétte, vétte & *inc*, vennedouffe, vennetræche, venne-quoète, venne-tcinq &c.

Déche, vétte, trente, quarante, cinquante, ſoixante, ſeptante, quatre-vétte, nonante, cent, mille.

Notez. *Sept* marque ſouvent un nombre indéfini, qui peut être de cinq juſqu'à dix & au delà. J'y ai été plus de *ſept* fois, c'eſt-à-dire pluſieurs fois, ſouvent, aſſez ſouvent. On demande à un homme, s'il a des enfants? il dit: j'en ai bien *ſept*, ou plus de *ſept*; il en pourra avoir cinq ou huit &c.

CONJUGAISONS.

Le vocabulaire Austrasien offre à la page 151. les conjugaisons, telles qu'on les trouve dans les vieux titres de la Lorraine. Elles ont quelque conformité avec celles de notre patois, que voici.

VERBES AUXILIAIRES.

Avoir

Indicatif.	*Conjonctif.*
Dj'ai,	Djaïe,
t'es,	t'aïe,
il é.	il æ.
Dj'ons,	Dj'ines,
vos a,	vos ines,
il ont.	il inent.
Dj'aous ou dj'aouïs,	Dj'eroïs, (Dj'è-
t'aous,	t'eras, rauye)
il aout.	il era.
Dj'aounes,	Dj'erines,
vos aounes,	vos erines,
il aounent.	il erinent.

il aounent, près de Lunéville *il evint*.
v. p. 79.

Grammaire Patoise.

Indicatif.	Conjonctif.
Dj'ous,	Dj'euſſe, (dj'oeuſſe.)
t'ous,	t'euſſes,
il out.	il euſſe.
Dj'ounes,	Dj'eunſe,
vos ounes,	vos eunſes,
il ounent.	il eunſent.
Dj'ai èvu &c.	Dj'aïe èvu &c.
Dj'aous èvu &c.	Dj'èróïs èvu &c.
Dj'èrai,	manque.
t'èrés,	
il èré.	
Dj'èrons,	
vos èrons,	
il èront.	

Infinitif.

Avoü.   èvu.

___

Etre.

Indicatif.	Conjonctif.
Dj'as,	Dje fèye,
t'as,	te fèyes,
il a.	il fèye.
Dje fons,	Dje fines,
vos fas,	vos fines,
il font.	il finent.

Indicatif.	Conjonctif.
Dj'etëie,	Dje feróïs, (Dje fe
t'ètois,	te feras, rauye)
il ètoit.	il fera.
Dj'ètines,	Dje ferines,
vos ètines,	vos ferines,
il ètinent.	il ferinent.

vos ètines, en Bourguignon *vos ètèit.*
v. p. 61.

(*autre Imparfait.*)
Dj'ire,
t'ire,
il ire.

Dj'ines,
vos ines,
il inent.

Dje fus,	Dje feuffe,
te fus,	te feuffes,
il fut.	il feuffe.
Dje funes,	Dje feunfe,
vos funes,	vos feunfes,
il funent.	il feunfent.
Dj'ai ètu &c.	Dj'aïe ètu &c.
Dj'aous ètu &c.	Dj'eróïs ètu &c.
Dje ferai,	manque.
te ferés,	
il feré.	

ai feré, en Bourg. v. p. 67.

Dje

Grammaire Patoife.

Dje ferons,   manque.
vos feras,
il feront.

Infinitif.
ète.   ètu.

I CONJUGAISON.

Dj'aime,   Dj'aimeuffe,
t'aimes,   t'aimeuffes,
il aime.   il aimeuffe.

Dj'aimons,   Dj'aimeunfes,
vos aimez,   vos aimeunfes,
il aimont.   il aimeunfent.

   La terminaifon *ons*, *ont*, ne fait pas bien fonner l'*n*. C'eft comme s'il y avoit *dj'aimò*, *il aimò*.

   Près de Luneville, *baïeuffe*, bailleuffe, baille, donne. v. p. 78.

Dj'aimèïe,   Dj'aimeróïs,
t'aimois,   t'aimeras,
il aimoit.   il aimera.

Dj'aimines,   Dj'aimerines,
vos aimines,   vos aimerines,
il aiminent.   il aimerinent.

   On difoit autrefois *je durrèïe* pour *je donnerois*. v. p. 18.

Dj'aimeùs,   Dj'aimeuffe &c.
t'aimeùs,   comme au Préfent.
il aimeù.

Dj'aimeunnes,
vos aimeunnes,
il aimeunnent.

Au XII siecle je trouve *chafieuet* pou *chauffoit* ou *chauffa*. v. p. 22.

Au XI siecle il y a tout de même *deuffe* pour *tu donnasses*. v. p. 18

Dans le Lorrain de Luneville *chaffeuse* v. p. 74.

Dj'ai aimé &c.   Dj'aïe aimé &c.

Dj'aous aimé &c.   Dj'eroïs aimé &c.

Dj'aimerai,   manque.
t'aimerés,
il aimeré.

Dj'aimerons,
vos aimeras,
il aimeront.

Aimé.

II CONJUGAISON.

Dje finis,   Dje fineuffe *ou* fi-
te finis,   nisseuffe,
il finit.   te fineuffes,
                         il fineuffe.

Dje finissons,   Dje fineunses,
vos finissez,   vos fineunses,
il finissoht.   il fineunsent.

Grammaire Patoife.

Dje finèïe *ou* finiſ-　　Dje finiròïs,
　　　　ſèïe,　　　　　　te finiras,
te finois,　　　　　　　　il finirà.
il finoit.

Dje fininnes,　　　　　　Dje finirinnes,
vos fininnes,　　　　　　vos finirinnes,
il fininnent.　　　　　　il finirinnent.

Dje fineùs　　　　　　　　Dje fineuſſe, *ou*
te fineùs,　　　　　　　　　finiſſeuſſe &c.
il fineù.　　　　　　　　　comme au Préfent.

Dje fineunnes,
vos fineunnes,
il fineunnent.

Dj'ai fini &c.　　　　　　Dj'aïe fini &c.

Dj'aous fini &c.　　　　　Dj'èròïs fini &c.

Dje finirai,　　　　　　　　manque.
te finirés,
il finiré.

Dje finirons,
vos finiras,
il finiront.

　　　　Fini.

III CONJUGAISON.

Dje vus (je veux),   Dje vleuffe,
te vus,   te vleuffes,
il vut.   il vleuffe.
Dje vlons,   Dje vleunfes,
vos vlas,   vos vleunfes,
il vlont.   il vleunfent.

Dje vlëie,   Dje vouröis,
te vlois,   te vouras,
il vloit.   il voura.

Dje vlines,   Dje vourines,
vos vlines,   vos vourines,
il vlinent.   il vourinent.

Dje vourines. en Bourguignon *je ferein,* nous faurions. v. p. 69.

Dje vloùs, &c.   Dje vleuffe, &c.
                     comme au Préfent.

Dj'ai vlu, &c.   Dj'aïe vlu &c.

Dj'aous vlu &c.   Dj'èröis vlu &c.

Dje vourai,   manque.
te vourés,
il vouré.
Dje vourons,
vos vouras,
il vouront.

Vlu, (vouloir).

IV CONJUGAISON.

Dje vò, (je vends) Dje voddeuſſe,
te vò, te voddeuſſes,
il vò. il voddeuſſe.
Dje voddons, Dje voddeunſes,
vos voddez, vos voddeunſes,
il voddont. il voddeunſent.

Dje voddëïe, Dje vodróïs,
te voddois, te vodras,
il voddoit. il vodra.

Dje voddines, Dje vodrines,
vos voddines, vos vodrines,
il voddinent. il vodrinent.

Dje voddeùs &c. Dje voddeuſſe &c.
  comme au Préſent.

Dj'ai voddu, &c. Dj'aïe voddu &c.
 fem. voddóoue.

Dj'aous voddu &c. Dj'èróïs voddu &c.

Dje vodrai, manque.
te vodrés,
il vodré.

Dje vodrons,
vos vodras,
il vodront.

Vonde, voddu.

QUELQUES REMARQUES
DE SYNTAXE.

Les amateurs remarqueront facilement d'eux-mêmes les différences de la syntaxe patoise & de la commune. On nous permettra cependant de faire quelques observations, qui serviront encore à démontrer, combien l'ancienne simplicité du langage s'est conservée dans le patois.

Le substantif & l'adjectif se rangent fort souvent à la manière Allemande. On dit *sâvaidge djas* pour coq sauvage; *baisse grive* pour grive basse; *bianc-cu* (oiseau) pour cu-blanc, *nærs pouchris* (autres oiseaux) pour pêcheurs noirs, &c. De même on lit *ens terriens solas* pour dans les soulagements terrestres, p. 21.

Lorsque deux substantifs se joignent par le régime, qui demande, que le second se mette au génitif, on se sert encore du nominatif dans ce patois, ou au moins on omet l'article du génitif. Pour dire la maison de Nicolas, on dit *lè mouahon Colæs*. Le mari de Catherine, *l'homme Cætton*. *George Anne Gretle*, George fils d'Anne Marguérite. Tout de même trouve-t-on au XII. S. *la parole Ihesu* pour la

Grammaire Patoise.   119

parole de Jésus. v. p. 23. *Ancelles lo foverain preſtre* p. 22. Item *la gloire notre Seignour; confeſſères lou Roi de France; femme le Roi Edward.* au XVII. Tome des Mém. de l'Acad. p. 727. 732. 734. De la même manière les Italiens ont coutume de dire, *caſa il diavolo.*   Item en bon François d'aujourd'hui on dit encore *Pont-Notre-Dame, Bar-le-Duc* &c.

Il provient delà un qui pro quo, qui mérite d'être remarqué.. Je demande à quelqu'un, à qui eſt ce cheval-là? il me répond en mauvais François : *c'eſt le frère Monſieur,* voulant dire, c'eſt celui du frère de Monſieur . . . Et cette vache? *C'eſt la veuve Colas,* c'eſt celle de la veuve de Nicolas.

On rencontre quelquefois un pléonaſme, comme quand on dit, *maindgès & ce bóouès & ce vos faiyès tot kiairis.*
 mangez & beuvez, & foyez de bonne humeur,
  (& vous faites tout éclairés.)

H 4

CHAP. V.
ECHANTILLONS DU PATOIS DU BAN DE LA ROCHE.

IL y aura peut-être peu de nos lecteurs, qui, après tout ce qui a été dit juſqu'ici, n'entendent aſſez facilement d'eux-mêmes les échantillons, que nous allons donner du patois du Ban de la Roche. C'eſt pour cela, que nous n'avons pas jugé néceſſaire de les accompagner toujours d'une traduction. S'il y a par-ci par-là quelque difficulté, elle s'applanira par un coup d'œil, jetté ſur le Gloſſaire. Le patois des environs de Luneville, que l'on trouvera à côté du nôtre, ſera bienvenu aux amateurs. Pour l'exprimer, j'ai gardé ſcrupuleuſement l'orthographe adoptée par l'ami, qui me l'a fourni.

Je commence au reste par les *dialogues*, à cause qu'ils sont plus faciles, que les *histoires* & les *fables*, qui suivent. Je joins à la *lettre*, qui a été écrite chez moi l'année passée, en temps de foire, quelques *compliments* d'usage, pour *demander une fille en mariage à ses parens, & pour inviter aux nôces*. J'espère, qu'on me pardonnera de donner plus que je n'avois promis. Les *proverbes* & les *chansons* seront pour la bonne bouche.

Toutes ces pièces ont assez de naïveté, à l'exception des dialogues, que les circonstances n'ont pas permis d'assaisonner autant, que l'on auroit désiré.

DIALOGUES
en Patois

du Ban de la Roche.	de Luneville.
Bouon djò, Mon-fieù.	Boin jo dondé, Monfue.
M. dj'vos lo foite de to mò kieu*ch*.	Ah! j'vo l'fohate de to mò queu*ch*.
Comm' a-ce qu'vos vos poutè?	Comma-t-a ce que 'f pouqué?
B*in*, Diù merci (græces è Diù), è vote fervice.	Duë merci, je m'pôque b*in*, è voute farvice.
Et vos, Mon-fieù, comm' a-ce qu'il vos væ?	A vo, Monfue, comma-t-a-ce que v's en va?
Comme vos lo véyès.	Comme que 'f voyez.
Comment que vote pére & vote mére s'poutont?	Comma-t-a-ce qu'voute pére, ca voute mére fe pouquont?
J s'poutont b*in*, âch-tant qu'dj' en fai.	I s' pouquont b*in*, âch-tant qu' j'en pu fcevoi.
Et lis effants, èvò tr'tò lè moua*h*on?	A les affants ca tote lè ma*h*on?
Ils fò t'rtù è bouonne fantè, græces è Diù.	I font tortu en boinne fantai, graice è bon Duë.

※ ※ ※   ※ ※ ※

Qu'a-ce qu'vos faiyez toci?	Qu'a-ce que 'f fayez toceu?
Ci qu'dj'y fé?	Ce qu' j'y fà?

Patois du Ban de la Roche.

Dje me p'rmouonne pouarmé (ouarmé) lè foure, pou være, ce qu'il n'y è de pu biai á de pu rære.

Je m'pourmouène to partò lè fouére, po voër, ç' qui n'y é de bin bé ca de bin rale.

Ç'a bin fait.

Ç'a bin fâ.

Defurè vos d'aichtè quéque live, in coutée, oubin in mireù.

Voléf écheté queuque live, in couté ou bin in miroi.

Nian, dje me divertis toci, en ra-voitant li biai imaiges, (pâpiés), qu'vos véyez tolà, en ettodant, que quoèt' houres s'neunfent.

Nian, ma j' m'dévarti toceu è roueti li bié imèches, que'f voyez tolà, en etendant, que quouetre houres s'ninffent.

Elles fò s'næyes, il n'y è djà bouonne peuce.

Al font bin long, mè bonne.

Dje li ai oïes, il n'y è pù d'enne deméhoure.

Je læs ai hoyï s'nai, n'y a ine demé houre.

A t'é poffible? Il fâ donc, que j' n'alleuffe; ou bin mè mére me tchofferé (grolleré.)

N'am' pauffibe? A bin i fâ, qu' j' m'en alleuffe vitement, âtremein mè mére me hoyerò.

È Diù, Mon-fieù.

È rouër, Monfuē.

Vos a fi hæte?

A-ce que f'zates fi parcé?

Dje ne feroïs m'errè-

Je n' faurò d'mouéré

tè daivètaidge; car mò pére dn'è foppé è quéqu'inque lo fà-ci, & on m'è c'mandè de r'veni è lè mouahon de bouonne houre.

d'ventaige; car j'ons qu'euqu'inque è fopai fte foër-ce, a on m'é commaindé d'erveni è lè mahon de boinne houre.

Allez, lo bouon Diù vos condeuffe.

Elle f' zan, Duë vo condheuffe.

✿ ✿ ✿   ✿ ✿ ✿

Diù vos d'neuffe lo bouon fà, mè mére, & è t'rto lè compaignéïe.

Duë vos bayeuffe boin foër, mè mére, ça tôte lè compénie.

Pierrà, où-a-ce qu'vos devenèz? où-a-ce qu' vos a tant d'môrè? pouqué qu'vos venez fi tæ? a-ce bin fait?

Pira, d'ou a-ce que'f dev'nez? d'où a-ce que v'z avez tant d'mouèré? perqué ce que'f venez fi tâ? ç'nam' bin fâ?

Dj'vos aous c'mandè d'erveni ès quoèt' houres; il a mettenò préque ché: déhèz-me, où a-ce qu'vos a ètu?

J'vo évo di d'erveni è quouètre houres, l'en a jà quaifi chés : dehé-m'in po, d'où a ce que v'zat tu?

Il n'y é bouonne peuce, qu'on-f-a fieù d'écôle. Dj' lo dirai è vote maite.

N'y a bin long, qu'on a fiù d' l'acole. J'lo d'rai è voute mâte.

Vos m'excuſ'ras. Dje ne fé, que d'en faté fieù. Dje ne faou mi, qu'il ire ſi tæ. Dje ne m'ai arrèté è pouò d'leù. Vo lo péyez faire d'mandè è note maite, fe ce n'a mi vræ?	V' m'excuferò, je n' fa qu' d'en faté fiù, je n' favô m' qu' l atò ſi tá. Je n' m' èm eretè di tot, v'lo peuvez d'maindé è noute mâte, ſi c' n'a m' vrâ?
Dj' ò ferai âſi; dj' en ferai lè vèrité.	J' lo frâ âfeu; j'en ferò lè veritai.
Hé bin! bottè lè naippe dſùs lè taye & hætè. vos.	Ah bin! botèz lè neppe, ca lè taye, & haité f.
Bin, mè dchère mére, où a-ce qu'a lè naippe?	Mè mére, ou a ce qu'a lè neppe?
Lè naippe a dedons tolà dſùs lè heudge.	Lè neppe, 'l a tolà dains lè heuche.
Bottè lo fà lo permé. enne pèyè-vos ret'ni, ç'la?	Botez lo fa lo premé. vos n' peuvè m' ert'ni celé.
Dj'vos l'ai djà dit pu d'vette fous.	Je v' l'a di pu d'vingt fouè.
Vos fas *in* paure homme, vos reimbiez t'rtò.	V'zatt *in* paure hôme, vo roubliez tortò.
Vos n'aippernès *rin*; ç'at enne grand houte.	V'n' apernèz *rin*, n'a ce me ine grand' honte?
Eppoutès dis aiſliettes	Epouquez les eſſites,

& 'rpâmèz bin lis vouores, aiprè vo vrà quoire do pain. | ca rincèz bin les vares, a pi éprès vo vr. quouër di pain.

Eh bin, mè mére, d'nès me de l'ardgent, pou cobin, que j'n'eppouterai ? | A bin me mére bayèm d' l'airgent., po con bin a ce que j'er epouqurâ ?

Eppoutès en pou quouète fous, lè mouteïe (mitane) d'enne façon & lè mouteïe de l'âte & ce n'eppoutès do tot frà. | Eppouquez - en pou quoète fou lo mitan d'ine façon, ca lo mitan de l'âte, epouquéz en di to fràche.

Bin, dj'y vai. Vaci do pain. | Elon, j'i vai. Vace di pain.

Vos a bin fait d'erveni fi tôt. | Vo fàte bin d'erveni fi tot.

Allè mettenò quoire do buôs, pou faire do feûe. Rairouhès lis coutées. Bottès de l'àoue dedons l'ècouéle, & bottez tolà un bianc choouron; rettihèz lo feûe. | Éllè-ine foué quouër di bôs, po fàre di feuye. Netayèz les coutés, botté de l'àoue dins l'acouéle, bottèz tolà ine tôlatte biainche; charbonné lo feuye.

Vote pére vint & vote coufin àfi vint évò lû, allèz au devant d'zos, bottès bais vote dchèpée & fé- | Val voute pére, que vint, ca voute coufin évo lue, ellè v'z en-à d'vint d'zo, bottéz biai voute cheppé, fayez

Patois du Ban de la Roche.

yez enne belle ervé- | ine belle erverence.
rence.
Pernez vouade è ci | Parni ouaydïe à ce qu'
que dj'vo dis. | j' vo di.

✻ ✻ ✻ ✻ ✻ ✻

Bénian finnes vos, mo | Boin jo dondé mò pére,
pére & vote com- | ca tôte lè compenie.
paignéïe.
A-ce qu'ça ç'là vote | A ce qu' c'a la voute
feù ? | fieu ?
Aïe, ç'a mò feù (mò | Aïe padeuye, ç'a mò
buóbe). | fieu.
Valà in biai effant. | Val in bié affant. Due
Lo bouon Diù lo bé- | lo beniffe.
niffeuffe.
Dj'vo 'rmercie, mò | J' vos ermercie, mò
coufin. | coufin.
Enne vè-t'é pæ è | Va t'i jà è l'acôlé ?
l'école ?
Si-a, il epprond è | Aïe, il aprein è li ca è
lére & è écrére. | écri.
L'epprodd-é ? Ç'a | L'apreint-i ? Ç'a bin fâ.
mou bin fait.
Mò feù, vos faoù djà | Mò fieu, fa vou jà écri ?
bin écrére ?
Pæ tro bin, mais dje | Pa tro bin, ma j' l'a-
l'epprons. | preins.
Où a-ce qu'vos allèz | Dou a ce que f'z alèz è
è l'école ? | l'acôle ?

128 *Patois du Ban de la Roche.*

Tot prés do mottée.	To conte lo motteu[r]
Il n'y é djà bouonne peuce, qu'vos l'y allez?	N'y a m' long-temp[s] qu' voz y ellô?
Èvirò *ché* mouos.	N'y a *ché* moués.
Eppernès vos âſi l'Airiſmétique?	Aperni-vo âſeu l'Aru[ſ]métique?
Aïe, mò couſin.	Aïe, mô couſin.
Ç'a bin fait. Eppernèz tòjò bin.	C'a bin fâ. Aperni te[ ] hin.
Dj' lo ferai âſi, mò couſin, s'il piæt è Diù.	J' lo frâ âſeu, mô couſin, ſi piat e boin Due.

*   *   *

Qu'a-ce qu'on dit d' nôvée?
A-ce qu'vos faou èque d' nôvée?
Dje n'ai rin oï.
Dé qué qu'on pouâle mettenant?
On ne pouâle préque de rin.
A-ce qu'vos a oï dére, que dj'erons lè guærre?
Dj'en n'ai rin oï pouâlé.
On pouâle pouchtant d'enne bettéie.
On lo d'hè, mais ce n'a mi vræ.
Bin-au-contraire on pouâle de paiche.
Créyèz-vos, que dj'erons lè paiche?
Dje cræ, qu'aïe.
Et mi dje cræ, que dj'erò lè guærre.
Pouqué qu' vos lo crèyè?

Pou qué qu'vos lo crèyè?
Parce que d'j'ai oï dére, qué notis troppes en vrò (*haïrò*) tôt.

* * *

La Scène se passe à Strasbourg.

D'nèz-me enne fouye de pâpier, enne piumme & *in* po d'encre.
Allez dedò tolà, vos troveras ce qu'il vos fà dsùs lè taye.
Il n'y é pouò d'piumme.
*E*n valà essèz dedons l'ècr'tole.
Ennes valò r*in*.
*E*n valà dis âtes.
Ennes font mi tèyéyes.
Où-a-ce qu'à votte canif?
A-ce qu'vos faoù tèy1 lis piummes?
Dj'is tèye è mè moude.
L'ât-ci n'a mi médchante
Vos n'a pouò d'cire d'Espaigne, poù cacheté mè lettre?
*E*n valà *in* petit bout dò mè gandmousse, mais ç'a dè nære.
Dnèz mègue, se vos n'a pouò dè rodge.
Vos a ási muarquè lo djò?
Dje cræ, qu'aïe, mais dje n'ai mi finé.
Lo quouantième que dj'ons?
Ç'a âdjedeù lo eûte.
Où-a-ce qu'a lo sablò?

I

Vos n'a djaimæ pouò d'poudre n
   d'fablò.
Il n'y é dedò-toci.
Valà votre vála, vlæ-vos, qu'il pouteuſſ
   lè lettre-ci è lè poſte?
Poutèz-me lè lettre-là è lè poſte, & n
   reimbiez pæ de péyi ci que celà cotte
Dje n'ai pouò d'ardgent.
Tenez, valà enne peuce de doze ſous
   allez vitemont & 'rvenez tot-couoche

❉ ❉ ❉

A-ce que dje pourons dgeûre toci?
Aïe, Aïe, Menſieù, djons dis belles dcham
   bres, & dis bouons lés.
Eh bin, allò bais d'nottis dchvâ, féye
   mouonner nottis dchvà au chtaye.
Pornèz lis dchvá dis Menſieù-là.
Pornèz bin vouáde aiprès.
Mettenò il fâ være ce qu'vos nos danra
   è ſoppé.
Qu'a-ce que vos ſoiterines?
D'nèz-nos dis djalies fr'caiſès, enne de
   méc dozaine de colons, enne ſalade
   quéque bectorèques, ou bin dis peu
   deris & enne dozaine d'allouattes.
N' vlæ-vos rin au rèche?
Non, ç'a eſſèz, mais d'nèz-nos do bouor
   vin, dè bouonne bière, & èque pou
   lo deſſert.

Laiehez-me faire, dje vos p'rmats, que vos feràs contents.
Allons, Men-fieù, allons være è nottis dchambres.
Ell'mez lis Men-fieù-là.
Fèyèz-nos tôt è foppé.
Dáan que vos ines fieù vottis bottes, lo foppé feré prát.
Et où que font nottis válats?
Il ont menté hâ tolà (menté lò dégré) èvò vottis hærdes.
Vos a eppouttè mis pichtolets?
Aïe, lis valà.
Tirèz fieù mis bottes & dalà vos vras være, s'on-c-è d'né do fouon is dchvâs.
Vos lis mouonneras dò lò rû, & vos èras lo focy, qu'on lis d'neuffe de l'avouonne.
Dj'èrai lo focy de t'rtot, enne vos bottez mi è pouonne.
Lo foppé a prat, on c'é férevi.
Dje n'allò tò couoche.
Allons foppè, que je pèyeunfe allè d'rmi de bouonne houre.
Cheuyò-dchû, bottò-nos è lè taye.
Il manque enne aiffiette.
Maindgeons dè f'rcaîfèïe-là; elle a bin ecquemôdaïe.
Lis colons n' font pæs cueux.
D'nez-nos è bouore; è vote fanté. (Dje vos lo brinque.)

Dje vos ermercie.
Lo vin a-t-é bouon?
Il n'a mi médchant.
Lis cayes-ci fò bin molles.
Vos n' maindgèz mi.
Dje n'ai pouò d'ápétit, dj'a *hô*dé.
Il fa penre couoraidge.
Dje ferai fûremont meù au lé qu'è lę taye.
Effévez d'fopper, dje vus aller 'rpôfer.
A-ce que vos vos s'ttez má, vlæ-vos ècque?
Dje n'ai b'fón de rin, que de repos.
Èdiù, Menfieù, bouon fà.

HISTOIRES.

ARLOTTO.

MAVAIS FÉYOU DE COMMISSIONS.

In Etalien, qu'on dehoit Arlotto, & que s'é fait cnoche poua fis bouons contes & fis piaihantes gauffes, s'embarqueù pou in vouyaidge. Trobin de fis aimis lo préyeunnent de li èchter tote taçon d'effaires, au pays d'où qu'il alloit. Il ly d'nneunnent di biyèts, mais il n'y en é qu'inque, que s'aivifeuffe de li dnè l'ardgent, qu'il faloit pou péyi ce qu'il dmandoit. Il èpiaiyeù l'ardgent de s'naimi, comme il li aout c'mandè, & n'echteù rin pou tortus lis âtes. Quond il fut de retô, il veneunnent tortus è dchi lu, pou r'çure lièu efféres; & Arlotto li d'heù. Menfieù, quond dj'étèïe embarquè, dje botteù t'rtus vottis biyèts dfù lo pont do bètiâ, poù li randgi, mais il fe leveù enne air, que li empouteù dedon lè mèr, dalà dje n'ai péyi me foveni de ci qu'ètoit d'fù. Mais il n'y aout inque, que li d'heù, qu'il aoùt bin èppoutè dè maitte è in té. Ç'a vrà, li deheù Arlotto, mais ça, qu'il aout èvlopè dedon fo bïyèt in nombre de Duquèts, lè pefantou empécheù l'air de l'empoutè comme lis vôtes, qu'ètinent ladgieux, ç'a pou celà, que dje me ſoveneïe de ci qu'il m'aout d'mandè.

En Patois de Luneville.

ARLOTTO

MECHANT COMMISSIONÉRE.

In Étalien, qu'on hoyò Arlotto, qu'on qunachò po ſes boins tò et ſes gouailles, s'emberquieù po *in* vouaige; 'l atò prii pa to pien d'ſes emis de leus aicheti tote ſorte d'effares à pays, d'où qu'il ellò. I lui beyeu*ch* des byets, mâ i n'y en evò qu'*in*que, qui s'eviſò d'li bayi d' lè m'noye, qu'il fallò po payi, c'qu'i d'maindò. Arlotto employò l'airgent d'ſon emi, comme qu'il li evò d'maindé, a n'echtò r*in* po tortu les âtes. Quand qui 'latò ervenu, i v'neuſſent tortu ch*in* zo, po recevoi zutes empièttes. Arlotto leù d'heu*ch*, Meſſiù, quan que j'feù *e*mberqui, j'bot*in*s tortu vos byets ſi lo pont di béquiâ, po le erengi. Ma i v'nò *in* vàt, qu' les impoquieù dain lè mér, a j' n' m'é pu erſov'ni de ce qui atò deſſi. Ma i n'y en évo *in*que, qui li d'heu*ch*, qu'il évo bin épouqué d' l'atoffe è l'âte let. Ça vrâ, repliquieù Arlotto; mà ça qu'il évo *in*v'lopé dains ſò byet to pien de Dicats, lè p'ſainteur impecheù lo vàt d'lis impouqué to côme les voutes, qu' n'atio m' peſans. Ça po celai, qu' j' m'ſo erſov'ni de c' qu'i m' évò d'maindé.

Traduction.

ARLOTTO
MAUVAIS COMMISSIONNAIRE.

Un Italien, nommé Arlotto, connu par ſes bons contes & ſes plaiſantes reparties, s'embarqua pour un voyage. Il fut prié par pluſieurs de ſes amis de leur acheter toutes ſortes d'affaires au pays, où il alloit. Ils lui en donnèrent des billets, mais il n'y en eut qu'un, qui s'aviſât de lui donner l'argent, qu'il falloit pour payer ce qu'il demandoit. Il employa l'argent de ſon ami, comme il lui avoit commandé, & n'acheta rien pour tous les autres. Quand il fut de retour, ils vinrent tous chez lui pour recevoir leurs emplettes, & Arlotto leur dit: Meſſieurs, quand je fus embarqué, je mis tous vos mémoires ſur le pont du bateau pour les arranger; mais il ſe leva un vent, qui les emporta dans la mer, ainſi je n'ai pu me ſouvenir de ce qui étoit deſſus. Mais il y en eut un, qui lui dit, qu'il avoit bien apporté de l'étoffe à un tel. C'eſt vrai, repliqua Arlotto, mais c'eſt, qu'il avoit enveloppé dans ſon billet un nombre de Ducats, la peſanteur empêcha le vent de l'emporter comme les vôtres, qui étoient légers, c'eſt pour cela, que je me ſuis ſouvenu de ce qu'il m'avoit demandé.

LO MAME, QUE TENOIT IN RÉGISTRE
DIS FOUES D'SÒ TOMS.

Lo máme, comme il paiſſoit poua Naples, il alleù ſaluyè lo Rà Alfonſe, que règnoit lè fou-là. Lo Rà epperneù poua inc de ſis aimis, qu' Arlotto étoit in homme piaihant, que d'hoit libremont ce qu'il poſſoit is dgens lis pû hâs, & qu'il aout in live, qu'il écréyoit t'rtottes lis principáles fouléïes de ſò toms, fans minaidgi mâme lis Ràs. Signeur Arlotto, que li deheù lo Rà, dje n' ferai mi écré dſùs vôte live? Il fa være, répoddèu Arlotto, & lo Rà li ordonnèu dé l'allé quoire, il léyeù: Fouléïe, qu'é fait lo Rà Alfonſe de Naples; qu'é èvouyï en Almaigne in Almand, qu'ètoit è ſè cour èvò doze mille fiérins d'or, pou li èchtè dis dchvâs. Et come a-ce que vos trovèz, que dj'äie manquè, deheù lo Rà, d'èvouyi l'Allemand-là? Ç'à répoddeù Arlotto, qu'il dmoûreré dedons ſo péys èvò votte ardgent. Et s'il revint èvò di dchvâs, ou qu'il me rèppouteuſſe m'nardgent? deheù lo Rà. Da-là, li deheù Arlotto, dje vos efſeſſerai de mo live, & dj'y écrérai l'Almand è votre piaice. Lè libertè dè réponfe-là, bin lon de fouadchi lo Rà, li perreù fi aigréïable, qu'il rèvouyeù Arlotto èvò dis perfons, aiprès li aoù fait trobin dis caireffes.

En patois de Luneville.

LO MÉME T'NAIN IN REGISTRE DES FOUS D'SÒ TEMS.

Lo méme, peffain pa Naples, ellò faluè lo Roye Alfonce, qu' regnò jà. Lo Roye èvò eppri pa inque d'fes emis, qu'Arlottò atò in gouàyou, qu' difò tortu ce qu' i penfò a gens li più hàtes, a qu'il evò in live, d'où qu'il écrivò tortu li fàtes princepò de fo temps, fain menaigi les Royes. Mons Arlotto li d'heuch lo Roye, ne s'ros j'me écri fi voute live? I fà voër, repondeù Arlotto. Lo Roye li ordonneù d' l'ellé qu'ri, i l'y lifò. Fàte, qu'attu fatte pa lo Roye Alfonce, d'evoi invoyï en Ellemaigne in Ellamain, qu' atò è chatià, évo dozes méle florins d'òr, po li aicheté des chouas. A comma trovè'f, qu' j'a mainqui, deheuch lo Roye d'invoyï fte Ellemain? ça, repondeù Arlotto, qu'i d'mouererò dains fo peys évo voute airjain. A fi i revenò évo des chouas, obin qu' i m' repouquieuch mon airjain, d'heuch lo Roye. A bin, repliquieù Arlotto, j' vo effecerò d'mò live, a j'y acrirò l'Ellemain è voutte piaice. Lé libertai d' ceutte reponfe, bin long de faichi lo Roye, li piafò tain, qu' i rinvoyeù Arlotto évo des prefens, epré li évoi fà bin di quereffes.

LO MAME, MAVAIS TIROU DE VIN.

In aimi lo *h*eutcheù *in* djò ès d'jinè èvo trob*in* dis âtes. L'homme-là que veloit faire lo piai*h*ant, tirrèu ès pouà lis çôs-ci, & ce li d'hèu: Men-fieù, dj'a d'aivis, que dje. nos rèdjoyeunffes adjedèu is dépons de Arlotto, que fait lo bouon compaignon, & que fe moque de tôt lo môue; comme mo vâla a malèye, & qu' dj' n'ai poua*ch*onne pou nos férevi, dj'ai défein de faire tiri is pouons, pou være, loquél de nos que vré è lè caive tiri lo v*in*, & férevi lis âtes, e*ch*tandis que dje d'jinerons, & dje f'rai fi b*in*, que lo fort dchèré dfùs lo Arlotto. Il conclueunnent cela & ce l'efcuteunnent. Arlotto fe dneù de vouade do complot, & s'èmadginèu d'en faire erpettè s'n hôte, il alleù è lè caive, reppieù li botayes, e*ch*tandis que lis âtes ècmocinent ès d'jinè, & comme il remonteù èvo fi botayes; vos vèyez, Men-fieù, qu'il li d'heù, comme dj'ai fait ci que lo djeûe m'aout ordonnè; erdjouons mait'nant pou være, loquél de nos que vré bais è le caive pou framè lis ondchattes, que dj'ai lai*ch*i denvié. Da-là lo mâite dè moua*h*on ne poualèu pu de tiri is pouoñs, & c'no*ch*ant Arlotto pou ète homme è faire comme il lo dehèu, il quitèu fè d'jinè bin è lè hæte & couoru è fè caive, il troveù fis ondchattes, qué couorinent, & enne grande pouatèye de fò vin pedù. Il en féyoit dallà dis grands piantins è Arlotto. Vos n'a mi rahon qu'il li deheù, de vos pianfe de mi, peusque dj'ai fait comme lo djeûe lo vloit. On m'avoùt bin ordonnè d'allè tiri do vin & de reppyï lis botayes, mais pæs de r'chtopper lis ondchattes dons enne mouahon, qu'lò maite fait fi má lis honneurs.

En Patois de Luneville.
LO MÉME MÉCHANT TIROU D'VIN.

In émi l'invitófa in jo é dinè évo topien d'àtes. Ç' t emi, qu'volò fàre lo gouáyou, les tireù è part, a leu d'heuch. Meffiù, j' fò d'évi, que j'no rejouiffions ajedeuye ès depens d'Arlotto, qu' fâ lo boin compegnon, a qu' fe moque d' tortu lo monte. Comme mo gachna a malède, a que j' nam' pachone po no farvi, j' fò d'évi d' fàre tiri è lè brouchatte, po voër ftui d'nò, qu'irò è lè caive tiri lo vin, a fervi les âtes, quanque j' dinerons, a j' ferò fi bin, qu'Arlotto erò le ptiatte brouchatte, Tortu fahinc tot come lu. Arlotto s'epercevò d'lè fineffe, a s'imagineù d'en fàre erpenti s'n hote, il ellò ès lè caive rempli les botayes, taindis qu' les âtes commenciont è

dinè, a come i remontò èvo fes botayes ; v
voyèz, Meffiù, d'hò-t-i, comme qu' j'â fâ ce
qu'lo jeuye m'e ordonnè ; erjoyons eftoure p
voër, que d'no defcendrò è lè caive, po quiaou
les tonnés, qu' j'â layïs d'ouvri. Lo mâte d'l
mahon en perlò piu d'tiri è lè brouchatte, pace-
qu'i fevò bin, qu'Arlotto évo fâ, comme qu'l ev
dit. I s'hateù d'couri ès lè caive, i treuvò le
tonnés que couliont, ca topièn do vin pagu.
Il en fayeù d'grand piaintes è Arlotto, qu'li d'heù
V' n'a m' rahon d'vo piainte de meu, j'a fatisfâ
a jeuye, que m'evò ordonné d'ellé tiri di vin,
ca d'rempli lè bottayes, mâ nian de quiaoué les
tonnés d'in hôme, qu' fâ fi mâ les honnou d'fé
mahon.

FABLES.

IN LOUP ET IN AGNEAU.

Il n'y aout enne fou *in* loup, que boouoît è lè fource d'enne fontaine, il vèyoit *in* agneau, que boouoit au dſò do rû. Il veneù fouadchi de côte lû, & ce li fèyeù dis r'pruches de ci qu'il aout troblè s'n àouè. L'agneau, pou s'efcufè, li r'perfotteù, qu'il boouoit au d'ſò d' lû, & que l'âouè ne péyoit couorre drâhâ d'oua fè fource. Lo loup veneù co pu èrraidgi & deheu ès l'agneau, qu'il n'y aout co pu de *chés* mouòs, qu'il féyoit dis *h*abelleréyes conte lû. Dje n'ire co mi au môné, deheù lo petit moutò. Il fâ dò b*i*n, ce lû deheù lo loup, que c'ire tò pére ou tè mére, & dallà fans rin dére au rèche, il fe *ch*teù dſùs & ce lo de*ch*ûreù; pou lo puni, comme qu'il dehoit, dè mávaichè valotté & dè haine de ſò pouarotaidge.

En patois de Luneville.

IN LOUP A IN BEURA.

I n'y évò ine fouè *in* lou, qu' þeuvò ès ine rigolatte, a voyò *in* beura, qu' þeuvò pù biai qu'lue. I venò conte lue tòt faichi, a li d'heu*ch*,

qui trobioſa l'âoue, qu'i beuvò. Lo beura, p
s'excuſi, ly d'hò en let, qu'i beuvò à dſò d'lue
a qu' l'âoue ne peuvié m' ermontai ès le ſôrce
Lo lou, qu'atò pu faichi, li d'heuch, qu'y év
pu de chè moués, qu'i t'nò d'lue d'mechans pa
roles. J' n'atò me ça viquant, li d'heuch lo beu
ra. Si ç' n'a m' teu, ça tò pére o bin tè mére,
pi i lo pronin a lo maingeù po lo puni dé mé
chans paròles de ſò pére.

Traduction.

UN LOUP ET UN AGNEAU.

Un loup bûvant à la ſource d'une fontaine apperçut un agneau, qui bûvoit au bas du ruiſſeau. Il l'aborda tout en colère, & lui fit des reproches de ce qu'il troubloit ſon eau. L'agneau, pour s'excuſer, lui repréſenta qu'il bûvoit au deſſous de lui, & que l'eau ne pouvoit remonter vers ſa ſource. Le loup redoublant de rage, dit à l'agneau, qu'il y avoit plus de ſix mois, qu'il avoit tenu de lui de mauvais diſcours. Je n'étois pas encore né, repliqua l'agneau. Il faut dont, repartit le loup, que ce ſoit ton père ou ta mère, & ſans apporter d'autres raiſons, il ſe jetta ſur l'agneau & le dévora; pour le punir diſoit-il de la mauvaiſe volonté & de la haine de ſes parens.

IN LION QU'ETOIT È LÈ DCHÀISSE ÈVÒ DIS ATES BÉTES.

In lion, in æne & in r'næ etinent allè de compaignéïe è lè dchaiffe. Il p'rneunnent in cerf & trop-bin dis âtes bétes. Lo lion ordonneù è lè bourique de pouatyï lo bétin. Il fèyeù lis pouás djeûtte tot è fait, enne comme l'âte, & laicheù lo wále is douffe âtes. Lo lion fut fi fouadchi do pouartaidge-là, qu'il fe chteù dfu l'æne & ce lò botteù è peuces. Dalfà il s'aiddraffeù au r'næ & ce li deheù de faire in âte pouartaidge ; mais lo r'næ botteù torto d'in coté & ce enn' fe vouadeù qu'enne to petite pouachon. Qui qu'vos é eppris, li d'mandeù lo lion de pouatyï fi faidgemont ? C'ètu lè malhoure dè bourique, répoddeù lo r'næ.

En patois de Luneville.

LO LION ÈS LÈ CHESSE EVÒ LÈ BOURIQUE A LO R'NA

In lion, ine bourique a in rena ation ès lè cheffe. 1 perneuch in carf, ca bin d'z âtes bétes. Lo lion d'heuch è lè bourique d' fàre les pertaiches. Lè bourique fayò lè pourtion tortu d'méme, a làyo choifi les âtes. Lo lion atò fi faichi,

qu'i s' j'teuch dſi lè bourique, a lè boteù en pùce
a pi i d'heuch à rena d' fâre in âte pertaich
Lo rena boteù torto d'in côtai, a ouarec de l'ât
Qui v'z è épri è fâre les pertaiches en let? d'heù l
lion. Ça lè terribe evainture de lè bourique,
repondeuch lo rena.

Traduction.

UN LION ALLANT A LA CHASSE AVEC D'AUTRES BÊTES.

Un lion, un âne & un renard, étant allés d
compagnie à la chaſſe, prirent un cerf & plu
ſieurs autres bêtes. Le lion ordonna à l'âne d
partager le butin. Il fit les parts entièrement éga
les, & laiſſa aux autres la liberté de choiſir. Le
lion indigné de cette égalité, ſe jetta ſur l'âne &
le mit en pièces. Enſuite il s'addreſſa au renard,
& lui dit de faire un autre partage ; mais le re
nard mit tout d'un côté, ne ſe reſervant qu'une
très petite portion. Qui t'a appris, lui demanda
le lion, à faire un partage avec tant de ſageſſe ?
C'eſt la funeſte avanture de l'âne, lui répondit le
renard.

LO R'NÆ ET LIS RAISINS.

In r'næ aout vu è lè c'mèye d'in buôs
quéques graipes de raiſins qu'ecmoſſinent
è meyeuri, il aout envéïe d'en maindgi,
&

& il fe d'neù torto lis pouonnes pou l'y èveni ; mais il véoit bin, que fè pouonne ire pou rin, & pouchtant il couèdcheù fo chagrin. Il fe retireù & deheù, qu'il ne vloit pouon maindgi dis raifins-là, par ce qu'il ètinent co bin trop vouaches, & trop aigres.

En patois de Luneville.

LO RENA A LÉ RAHIN.

In rena 'rouetò à hâ d'in âbre queuque graipés de rahins, qu'ation meures, il en v'lò maingi, i s' bayò topien de pouène po en évoi. Mâ, comme qu'i n' peuvò m' les aittreppè, i quoichò fò chegrin, a d'heuch en fâtant fiù, que ç' n' atò m' lè pouène d'les maingi, qu' 'l ation ca vache a trou raffes.

* * *

LO DCHIN ENVIOU ET LO BÛE.

In dchin djèhoit dfùs in mouâ de fouôn, & ce n'vlæ mi laichi eppeurdchi in bûe, qu'aout ebbèïe d'en maindgi. Lo bûe, que véyoit lè médchante humeur do dchin, fe fouadcheù, & ce li d'heù : il fâ, que te feyes bin malavrou & bin enviou, peusque t'enne vus pouon maindgi de fouôn, & que t'enne vus mi, que lis âtes en maindgeunfent.

K

ENNE COUONAYE ET ENNE BREBIS.

Lè couonaïe ètoit dſùs lo dôs dè bre
bis & lè baquoît, fons qu'elle fe pèyeuſſ
défonde ; mais s'ertonnant d'ouà s'
ennemïe, elle li deheù: fé t'en féyoi
âchtant è in dchin, il te montererâ bir
Ç'a vræ; repôdeù lè couonaïe èvò enn
mine moqu'ure, mais dje n'ettaque n
dis pus fouos qu' mi; & dje fai bin,
qui que dj'ai è faire.

LO LOUP EFFEMÈ.

In loup, qu'ire tormentè dè faim, couo
roit de tot lis cotès pou trovè ècque
maindgi. Il vneù de côte enne petite bar
raique, où-a-ce qu'il ôïeù in éffant, qu
querioît & fe mére, que li d'hoit: couch
teu, ou j' te dânrai tot mettenò au loup
Lo löup, que crèyoit, que lè mére l
d'hoit de tot de bouon, ettôdeù bouon-
ne peuce de côte l'euch; mais dſùs lo fà il
fut bin ètonnè, quod il ôïeù lè fomme-
là, que caireſſoit l'effant, & que li d'hoit
en lo feuchtiant: ett' ettond, mò feù, fe
lo loup vint toci, dj'o tôouerons. Lo
loup s'ertîreù & ce deheù: lis dgens do
leù-ci féyont tortot atermont qu'il pouâ-
lont.

BIYÈT.

Mis dchers Pére & Mére! Dje fò errivè è Chtrofebourgue è bouonne fantè, fi nò que dj'ons bràmon èvu lè piooue & que dj'ons ètu bin hódés. Dj'ons errivè è Chtrofebourgue è *chéz-houres* do fà.

Lo démouondche dje fons allé au môttée, & dj'ons óï lis oryelles, enne effaire dchairmante. Dj'èróïs bin vlu, que mis dchers Pére & Mére eunffent ètu è lè p'rfoffe & tr'tôt notte mouâ*hon* èvò. Dj'enne feróïs vo dére bin-eddræ tortôtes lis belles effaires, que dj'ons vû. Quod on voù l'exercice dis foùdaires, on à comme fieù de lû mânme, de være lis biés errangemonts, qu'il ont entre zôs. Lieù mufique a fi belle, que vos ne lo ferines crære. Il fà pou*ch*tant, que je vos deheuffe, ce que dj'ons vû do rè*che* dè foure. Dj'ons vu tróp-bín di mouardchans ètraîndgi qu' aounent de tottes effaires de mouardchandèïes, qu'on vloit, de tottes lis færbes, rodge, djâne, voua*che*, næere, bian*dche*; enne fàra, que d'avou de l'ardgent pou ai*ch*tè.

Dj'ons âfi ètu dfù lo grand môttée. Ça ç'a fi bié, que dje ne feróïs vos lo dére. On voù tortot lè ville, tant groffe qu'elle a, & lè campaigne de dchamps, qu'a tortot è lè róne. Ça ç'a bié è være.

K 2

Dsù lo vie mouardchi au vin, dj'on vu trop-bin dis bétes ètraindges. Dj'on bin denviè lis œux. Il n'y é in tigre dis pû gros & dis pû biés, & il feuchtèie tortus zos, qu'lo vnò være, djà bin qu'il a enne dis pu médchantes de tortottes lis fàvaidges bétes. On nos é montré lo grand Diâle dis buôs, qu'on é pris de lis Indes, on nos é dit, qu'on n'é djemæ pouò vu dedò lo \péyis-ci. Il a tot nære & lo b'faidge a de færbe de feûe; lis pouottes dis erräies fò comme dis couônes, & lis brais fò doux fous pû grands que lo corps, torto fè fouoche a dò fè quóoue. Lo Tatou, que vint do Brefil, lè béte-là é dis mæyes comme in crocodile. Ça li a da lo né déche qu'è lè quóoue.

Lè dchette-tigre, enne béte évouaïèie & belle è være! elle é dis taitches ridæyes de trop-bin dis façons, elle é dis gros-œux, & elle é enne grande fouoche, il n'y é porion d'âtes bétes, que finnent fi fouôtes.

Lo Rà dis vautours, ou lo Pélican. Ç'a lo pû bié dis ouheux, qu'on c'é vu déche que mettenant, pou fis couleurs, qu'il é dfù lè téte. È lè rône do cô, il n'é pouò d' piummes; il dehont qu'il é enne bfèie au môtan dè panfe, qu'il pouache èvò fo bac, pou dnè è maîndgi è fis djonnes. Mais il n'y é-t-in Môn-fieù, qu'a bin faivant, que nos é dit, que ce n'a mi vræ.

Doux djonnes fatyres, lo mæle & lè fmelle, dè pû groffe façon. Ç'a enne efpece de mouonins.

L'homme dis buôs, enne béte que vint fi fouôte, qu'elle pu penre enne négraffe & allè dedon lis buôs èvo. Enne négraffe ç'a-t-enne Mouriane ou enne péïeuffe nære.

In âte, qu'é in nom bin drôle. On lo dit La Mangoufte de Suriname; il é lo pouò co pû doux, que lè faïe, il é lo moufée d'enne féyine, lis erraïes comme enne rætte, il é lè quôoue doux fous pû grande, que fo corps, il a bouon èvò tot lo mône.

Si vos as quérioùx de være lis âtes, venez lis være vos mânmes, vòs n'vos en 'rpétteras mi.

Vos déras in po è copére Jacob, è comére Bârbelle, è l'onclin Bache, è l'onclin Colæ, è tantine Djeanniton, è mò pouârain Diâdon, è me mouâraine Mouodchatte, ecco è tortus mis èmis, que dj' li èvouïe bin lo bouon djò, & que dje li foite bin dè dchance, déche què qu' dj' rvenrai.

Au rèche, dje n' fais rin è vos écrére, que ci que j' vos èvouïe bin l'houre, qu'il feré.

K 3

Traduction.

LETTRE.

Mes chers Père & Mère!

Nous sommes arrivés à Strasbourg en bonne santé, si non que nous avons eu beaucoup de pluie & que nous avons été bien fatigués. Nous sommes arrivés à six heures du soir. . . .

Il y a un tigre des plus grands & des plus beaux, il flatte tous ceux qui le viennent voir, quoique ce soit une des plus méchantes de toutes les bêtes sauvages. On nous a montré le grand diable des bois, qu'on a pris dans les Indes, on nous a dit que jamais on n'en avoit vu dans ce pays. Il est tout noir, & le visage est couleur de feu; les pointes des oreilles sont comme des cornes, & les bras sont deux fois plus grands que le corps, sa force est dans sa queue.

Le Tatou, qui vient du Bresil. Cette bête a des écailles, comme un crocodile. Il en a depuis le né jusqu'à la queue. Le chat tigre, une bête leste & belle à voir. Elle a des taches ridées de plusieurs façons, elle a de grands yeux, & une grande force, & il n'y a point d'autres bêtes, qui soient si fortes. &c.

Patois du Ban de la Roche.

MANIÈRE DE D'MANDÈ ENNE NÔVELLE FOMME, POU LÈ MOUONNÈ AU MÔTTÉE.

Pou qué occáſion vos p'rſottez-vos toci ?

Dje vnò være, ſe vos nos vlæ t'ni lis promeſſes, que vos nos as fait, il n'y é træ s'maines ?

Sé dj'vos ons permis ecque, il a djeütte, que dje vos lo t'neunſes, il fà oyi votte demande.

Dje vourines ſavou, ſe vos ſas co d'èvis de dnè N. N. vote féïe pou fomme è N. N. que vaci toci, comme vos nos l'as permis, il n'y é quéque toms.

Où a-ce que vos as ebbèïe d'lè mouonnè ? (dè mouonnè.)

Dj'ons déſein dè faire mouonnè au môttée, pou d'mandè lè bénédiction de lieu mairiaidge.

Dje vos lè botte entre lis mains, & dje vos lè conféïe comme in effant de bin & d'honneur. Que lo bouon Diù lis véïe (vleuſſe) d'nè ſe ſainte bénédiction.

Dj' eſpèrons poua le græce de Diù, qu'elle danré enne fomme de bin & d'honneur.

LIS DOUX SMOUONNOUX HEUTCHONT AU FÉCHTIN.

(Les deux orateurs appellent au festin.)

Dj' vlons vos dére pou quée occafion, que dj' vnons toci ; ç'a que N. N. & N. N. ont défein d' faire bénir lieu mairiaidge, mouâdi au môttée de Vouachterbai è onze houres do maitin ; & il vos préyont tortùs d'vni èvò zôs, pou préyi pou lè bénédiction de lieu mairiaidge, feùs & féïes, vâlas & domm'halles, & aipré lo fervice il vos invitont è lè d'jîne è dchi Colitche N. N. enne dà lè d'jîne è lè mouaronde, enne dà lè mouaronde au foppé, & tant que lis bins d' Diù dur'font, il pouatéyeront èvò vos.

Patois du Ban de la Roche.

PROVERBES.

Pû qu'lo lou é, pu qu'il vu avoù.

C' n'a mi èvò do vinaigre, qu'on pron li mouoches.

Il perma pû de beurre, que de f'rmaidge.

Il ne lædche mi fis dchins è veude.

Que dæ ponne, n'feré mi nayï.

Faire lo dchin pou avou l'oufe.

Bottè lo lou, pou vouadè fis dcheuves.

Sâtè dè pèle au feûe.

Té lo pére, té lo feù.

On vint faidge è fis dépons.

Quò lo pouo a græ, il caiffe lè ran.
    (Bonheur enfle le cœur.)

Enne malhoure enne vint mi tot pouà léï.

Aiprès lè piooue lo dchâ vint.

Maindgi lo bianc pain lo permé.
    Manger (fon blé en herbe.)

Que s'é châdè prò vouade au feûe.

K 5

Que fait lè face, lè booueuffe.

Il liéïe lo daïe, que n'é mi mâ.

Lis coffioùx ce n'a mi lis péïoùx.

Nos vaci au molin dân lo djò.
> Nous voici dans l'erreur.

Il é s'nè midi è quoètoche houres.

Il ne fâ mi aichtè enne dchaitte dedons in faitche.

Lo mouyeu (mouyou) couchené ç'a lè faim.

Lis gros dchins ne se mouodont mi inc è l'âte.

Lo céte, que tint lo faitche, & lecéte, que botte dedons, font áfi voleurs (ou lærò) inc que l'âte.

Que compte fons s'n hôte, compte doux fous.

Lo bouon Diù èvouï lis neuches è keurchi i zos (ou è fountes), que ne lis faivont keurchi.
> Il arrive du bonheur à ceux, qui n'en sçavent profiter.

Quond il pioue dè dchânce, dj'a èdè è chouaïe.

Faire doux coû d'enne pieurre.

Patois du Ban de la Roche.

CHANSONS.

CARESSES D'UNE MÈRE,

qui tient son fils entre les bras & le fait sauter.

Hay-drelò ! mo p'tit colò !
Te 'rsenne mou bin to pére.
T'és maindgi le dchæ do pot
Et t'és laichi lis féves.

Près de Luneville.

Tirlon-chon ! mò ptiat Colon,
T'as pu malin, qu'tò pére.
T'és maingi lè châs di pot
T'en és layï lé féves.

Traduction.

Hay-drelo ! mon petit pigeon, tu ressembles admirablement bien à ton père. Tu as mangé la viande du pot & tu as laissé les féves.

CHANSON

en faisant sauter un enfant sur le genou.

Foârez, foârez mò dchvà,
Poù d'main allè au fà (au sel).
Foârez, foârez mò polain,
Pou d'main allè au blanc pain.
Lo païs, lo païs ; lo trot, lo trot ; lo gailop, lo gailop.

CHANSONETTE

Pour imiter le ramage des hirondelles.

Quò j'n' allò, quò j'n' allò, tot a pien;
Quò dj' ervénò, il n'y é pu rin, il n'y é
pu rin.
Chéïe - bin! chéïe - bin!

Traduction.

Quand nous nous en allons,
Quand nous nous en allons, tout est plein;
Quand nous revenons, il n'y a plus rien,
il n'y a plus rien.
Perde - bien! perde - bien! (destructeur!)

* * *

Poua in démouondche dà lo maitin,
Dje m'en allois være m'aimie.
Dj'ai montè dsùs mò hâ dchvâ,
Qu'on aippeloit lo hâ mourya.
Quand dj'a v'ni dsùs lo hâ dis monts,
Dj'ai oyï lis violons,
Lis violons & lis mentrés,
In gros trôpée de dgens rémessès,
Tot di long de lè valléïe.
Dje véyèye bin è lieù alléïe,
Que m'aimie ètoit fiancéïe.
Dj'ai dechondu bais de mò dchvâ,
Dj'ai aittaitchi mò hâ mourya,

Dje m'en allois au môttée,
Pou være lè nôvelle mairièïe
Au môttée qu'ètoit mouonnèïe.
Quand dj'a v'ni fieù do môttée,
Il m'ervouètinent, dje lis 'rvouètois.
Il m'ont invité è djinè,
Il m'ont mis au pû hâ bout,
Doù qu'on a lo pû hontoux.
Dje m'ai couètchi dſò mò dchaipée,
Dje m'ai ettotyi don mò mantée.
Lo kieuch dè mairièïe
Savoù trobin de mis poſſèïes.

SUPPLÉMENT
DE PROSE
BOURGUIGNONNE ET LORRAINE.

Il me vient encore à propos une historiette fort naïve des contrées de Lunéville. Elle renferme quantité de mots & de phrases, dont il seroit dommage de frustrer ce recueil. Cependant ce n'est qu'un conte de vieille, pour amuser les enfants. Qu'importe? Il est question de patois, &, pour le moins, ce morceau est original, & en prose.

J'aurois souhaité d'avoir une pièce semblable en Bourguignon. Au défaut de quoi je donne encore la préface des Noei, dont on a lu quelques strophes plus haut. Pour juger de la nature d'une langue, la prose est aussi nécessaire, & peut-être plus, que la poésie.

PRÉFACE
DES NOEI BOURGUIGNONS.

Evartiffeman.

Come i feù de lai raice dé bon Barôzai, je n'ai jaimoi velu pâlai autre langaige, que ftu de feù mon peire, & de feù mon gran peire, ai qui Dei baille bone vie. C'étoo dé jan, fan vanitai fô-t-i-di, qui aivein de lai lôquance, autan qu'echarre de Dijon. El étein l'honneur de lai rue du Tillô, voù fe trôvoo de lote tam lai feigne fleur du Patoi. Ma on di bé vrai: çant an banneire, çant an ceveire. Depeù que de grô Monfieu, & de grandes Daimes fe font venun éborgé dans le quatei, i me feù éporçu, que le Bourguignon y é quemancé ai faire lai quinquenelle. Mai fanne & més enfan s'y gâtein de jor an jor & j'ai remarquai, qu'on y bailloo, jeufque dan l'écraigne, de tarbe fôflai ai Chaingenai. E'ne dé chôze ancor, qui m'é le pu dégôtai, ç'à qu'el y é n'an pandan l'Aivan, ein Dimainche au foir, bon jon bone euvre, aidon qu'an chaufan mé graive je chantoo, *Noei ture lure*, devan mon feù, un laquedrille d'un de cé Monfieu me vin rejannai ai mai

pote, & come ai faivoo, qu'aipré l'e[
je n'haïſſoo ran tan que le jantais, el[
l'infôlance, po me bravai, de me chant[
de tôte ſai force un Noei an bon Françoi[
qu'ai répéti tan & tan, qu'un de mé drô[
lai le redizoo le lendemain tô coramman[
Qui fu bén éboüi, ce fu moi : je ne f[
potan ni fô ni étodi, je reviri le Noei d[
Françoi an Borguignon. C'á ſtu, voù [
á pâlai dé quate ſaizon. Tô deu ſon dâ[
ce livrô ; qu'on lés épiglôgue, je baudi[
ai dire d'eſpar, le méne auſſi frian qu[
l'autre. Aivô tô celai, come ai n'y [
pas plaizi d'étre tôjor dan lés âfre, mo[
qui voyoo, que le Borguignon n'étoo p[
an ſeurtai dans lai ruë du Tillô, que pe-
chô ai pechô mai famille s'y dé-Barôzoo[
& que moi moime j'y étoo, por anſi[
dire, an émillan péri, je m' ſeù ai lai[
parfin évizai de me veni recogné dan le[
fin fon dé lai Roulôte, le pu loin que j'a[
pu du mauvois ar de lai moiſon de[
Monſieu Peti.

    Ai Dieu vo queman.

          FIAQUE

FIAOUE
ou
CONTE LORRAIN.

I n'y évò ine foué in paure hôme, ca ine paure fôme, qu'aviont yonze affants. I n'y en évo inque, qu'atò fi ptiat, qu'i n'atò me pu gran, qu'lo ptiat doye, on lo hoyôza lo ptiat pouffet; ma 'l atò fi hayant, fi hayant, qu'on n' peuvò jemâ l'ettrepè. In jo, qu' les affants dremiont, lo ptiat pouffet ne dreumôme, mâ il en fayôza fambiant. I hoyeù fò pére, qu' d'hò; j'ons yonze affants & j'nons pû d' pain, po les neurri, comma t'a-ce que j' frons, je n' les veu me voër meuri d'fain d'vaint meu, j'amerò meu, qu'i foyinffent pagùs dains lo bos. Lè fôme d'heu, qu'alle ne v'lò me, qu'i foyinfent pagùs, a qu'alle meurerò pitô, qu' de les mouènè po celet dains lo bos. Mà lo pére li d'heuch, qu'i les mouènerò dains lo bos, das qu'i ferô jô. Lo ptiat pouffet, qu' évò hoyï fo pére, s'leuveù dvaint lo jo, a s'en alleù dfi lo bord d'lè r'vire, a rèmeffeù tot pien de biancs cayïoux, qu'i botteù dains fes paches, pi i 'rvenò chinzo, & fe botteù dains fo léye, a i fahin fambiant de dreumi. So pére fe ravayin, a hoyïò tortus fes affants, & leu d'heuch, qu' i vlò ellè dains lo bôs; mâ lo ptiat

L

pousset, qui mairchò lo dâré, layeù cheure ses biancs cayïoux lo longe de lè sante Quan qu'i feuch dains lo bôs, lo pére leu d'heùch do d'mouèrè to-là po fâre zutes faigots, a qu'il ellò dro hâ-let po fâr lo sin. Mâ, quan qu'l y feuch, i s'favet dains sè mahon, a layò ses affants dains lo bos. Quand que l'évin fâ zutes faigots, is epelin zute pére, qui ne repondeùme. Quan qu'i voyin, qu'i n'y atò pu, les paurats brayïint tot côme des èveules, a se desesperint, tôt côme des mal-houroux. Mà lo ptiat pousset ne brayôme, a leu d'heùch de s'couhi, qu'i les ermouènerò chinzôs, a leu d'heùch d'ellè èvò lue. I suiveù les biancs cayïoux. Mâ, côme qu'i n'y evò long, i n'èrivin qu'è le neuyïe. Lo pére, quand qu'il avò tu errivè chinzô, evò erci doux gro acus, qu'in hôme li dvò, il echetint di pain, de lè chà, a feuch ripayïe; sè fôme li d'heùch, qu'i serò daini d'evoi pagù ses affants, a pi alle brayin; les affants ationt dari l'euch, qu'acoutiont ç' qu'i d'hint zô dou. Quan qu'i hoyin zute mére, que brayò, 1 d'heuch tortu; no vace mè mére, j'sons dari l'euch. Lè paurate corrin è ses affants, qu'alle croyò, qu' lo lou èvò maingi à les baheù en brayant. Alle les fayeù maingi, a leu bayeù di pain, d'lè chà, di froumaige,

ca tot pien d'âtes yecs, qu'i maingin tot
côme des anfamé. I d'mouërinzâ en let,
chinzô doux jos. Mâ quan qu' les doux
gro acus feuch maingi, lo pére les mouë-
nòzo tortu dains lo bos, sans rin dir, a
les y layò, qu'i fayòsa jà neuye. Les
paurats, ne qu'nachim' pu lè sante, po
sâtè fiù di bos. I hoyin les lous, que
gueuliont tot conte-zôs, i greulliontza
de tot zutes côrs. I merchin dains lo
bos, a y voyin bin long dvàint-zôs enne
chandôle, qu'atô ellmayïe, i y feuche tot
drò, a y crayont, qu' ç' atò zûte mâ-
hon. Quan qu'i feuch è l'euch, i toquin,
tac, tac. Qui a-ce? ç'a nos. On leu si eu-
vrè l'euch, a i voyin enne vie fôme, qui
leu d'heù: heun! mes paures affants,
qu'a-ce que v' veulé, ç'a toceu lè mahon
d'in ogre, que va erveni tot è l'houre,
a que vos maingerò. I repondeuch, qu'is
aimiint mue y éte maingi pa lue, que pa
les lous. Lè fôme les preneù, a les bot-
teù d'fo lo léye. Quan qu' l'ogre erve-
nò, i d'heûch en entrant è sè fôme : mè
fôme, i fiare lè châ frache, ns, ns, ns,
i fiâre lè châ frâche. Lè fôme li d'hò,
qu' ç' atò lo bue, qu'atò è lè brouche.
Mâ i n' lè croyi me, a rouâteù d'fo lo
léye, a i les tireù tortu pa lo pid, a
d'heuch, qu' ça c'erò po son djuni. Il
evòza yonze bâcelles, & i botteù les ptiats

L 2

gachenats couchi dains lè méme champ. Ma i botteù des bounnats d'or è bácelles a des bounnats de tôle è gachenats. Mâ quanqu'i dremin, lo ptiat pouffet perne les bounnats d'or è bàcelles & leu botte les bounnats de tôle. Quanque l'ogre qui évò faim, vneù lè neuye touè le affants, po qu'i n' fe fàveuffent me, i touò za les bâcelles, a layò les ptiats gachenats, pa ce qu'il evint les bounnats d'or Quan qu'i feuch ertorné dains fò léye, lo ptiat pouffet ravayeù fes fréres, a leu d'heuch, qu'i falò fàtè fiù d'lè mahon. A i s' ellin vitement dains lo bos, d'où qu'i s' couèchin dzo ıne rouche. L'ôgre, quan qui s'ravayeù, volin maingi les ptiats gachenats, mâ i treuvin, qu'il evò touè fes bàcelles, i pernin fes bouttes de fat liùs, a feuch dains lo bos, i errivò conte lè rouche, a i n' trovò me les affants, qu'ationt couèchi d'zou. Il évin b'fan de dremi a i s'en dreumòza dſi lè rouche. Quan qu' lo ptiat pouffet l'oyïòza rouffyï, i li preneù fes bouttes de zat liùs, i feuch chin lè fôme de l'ogre a li d'heùch, qu' fòn hôme atò ettrepè pa les volou, a qu'i li évò bayï fes bouttes de fat liùs, po quouèr d'lè mnoye, po leù bayi. Le fôme li bayeù tot pien d'airgent po recheti fò méri. Mâ lo ptiat pouffet feuch chin fo pére evo cet airgent. &c. &c.

On aura remarqué sans doute, dans les échantillons du patois des contrées de Luneville, une certaine différence de la troisième personne du Prétérit, qui ne paroit pas trop susceptible de système. Elle se termine en *ò*, en *òza*, en *eù*, en *euch*, au singulier; au plurier en *in* ou *in*. Mʳ. *Cyfflé* de Luneville, auquel je dois ces pièces, de même que beaucoup de bonnes remarques y appartenantes dans mon glossaire, attribue cette disharmonie en partie au hazard & au caprice, qui forme des nuances dans les villages les plus proches, en partie à une euphonie, qui fait préférer telle terminaison dans tel ou tel verbe. Une ébauche d'un système de conjugaisons, relatif à ce patois, auroit été de saison, si l'on y avoit pensé plûtôt & s'il ne falloit enfin mettre des bornes à un travail badin, qui paroitra sans cela poussé trop loin à bien du monde. Le *za* dans *fayoza*, pour ajouter au moins cette observation, signifie quelquefois *ainsi*; ailleurs il n'est ajouté, que pour donner plus d'énergie & plus de grace au discours. La terminaison *ò*, comme dans *évò*, *atò* &c. demanderoit peut-être plûtôt un circonflexe, *évô*, *atô*; dans le Bourguignon on a mis un double *o* (*oo*) à la place.

CHAP. VI.
GLOSSAIRE
PATOIS LORRAIN

Pour montrer dans ce glossaire soit l'origine des mots patois Lorrains, soit leur rapport avec d'autres langages, il a été nécessaire de recourir, outre les dialectes du François, dont on a donné des échantillons, à la langue Espagnole & Italienne, de même qu'à celles que M^r. Bullet envisage comme les reliques de la langue Celtique, telle que la langue Basque, la Bas-Bretonne, la Galloise.

De temps en temps l'on a tiré parti du Rumonsch ou langage des Grisons d'aujourd'hui, dont il y a un monument authentique dans la *S. Bibla en Rumonsch*, imprimée à Coire in fol. 1717. En examinant cette langue Rumonsche, j'ai été assez surpris de trouver des mots Hébreux, comme *andarsché*, rechercher, de דרש; *schenar*, répondre, repliquer, de שנה &c. La syllabe *an* se met à la tête des mots, sans en altérer la signification, comme dans

Glossaire Patois Lorrain. 167

anerrar pour *errar*, *anqual - caufa* pour *qualcaufa*, *qualche cofa*, quelque chofe, *anfenna* pour *fenna*, figne. Il y a auffi des mots Allemands en abondance, comme *cun flis*, foigneufement; *lur fcazis*, leur tréfors; *vaffens*, des armes; *bichér*, coupe (All. *Becher*); *marcau*, bourg, (*Marktflecken*); *ilg meifter*, le maitre; *ilg cumach*, la chambre, (*das gemach*) &c.

Si je ne me trompe, le langage Venitien, dont il y a des poëfies traduites du Tofcan (in Padoua 1747. 8. de Bertoldo, Bertoldino e Cacafeno) me paroit quelquefois lier le Latin & l'Italien avec le François & fes patois. Les mots *coa*, *mità*, *fior*, *abù*, *fio*, ferviront de preuve. v. *cooue*, *mitane*, *mon-fieù*, *èvu*, *feù*.

Le caractère & les idiotifmes du patois du Ban de la Roche feront au refte d'autant plus fenfibles dans ce gloffaire, que je l'ai comparé fort fouvent avec celui de Luneville.

Abre, æbre, aibre, arbre. v. p. 88. 96.

in ac, un acte. v. p. 97.

âchtant, autant. v. p. 89. 122.

acole, école. Lun. p. 127.

acu, écu. p. 89. 162.

âdjedeù, aujourd'hui. p. 89. 87. 95. 129. Lun. *aj'deuyë*.

æne, âne. p. 88 & 143. v. auſſi *bourique*.

âge, auge. p. 89.

aichtè, acheter, p. 86. 123. Lun. *aicheté*.

aici, acier. p. 88.

aiddraſſe, adreſſe. p. 88. 89.

aidé, èdè, toujours. p. 81. 154. En vieux François *adès*, entièrement, toujours, incontinent. v. le Gloſſaire des Poëſies du Roi de Navarre, où on lit :
„ d'une douce eſpérance,
„ qui *adès* me vient devant.
C'eſt l'*adeſſo* des Italiens. Dans le R. de la R. il ſignifie, à l'inſtant & dans le teſtam. de J. de M. toujours.

aidge, âge. p. 88. 87. Lun. *aige*. en Gaſc *atge*.

* *aidon que*, alors que. en Bourg. p. 159.

l'aindge, l'ange. p. 87. 88.

aïe, ouy. Autrefois *oy*. Chateillon S. Matth. 5. „ſi c'èt *oy*, dites *oy*. „ Cet *oy* vient de *oïl*, qui étoit pour *o illud*, comme *oc* étoit pour *hoc*. Voilà donc la ſuite de ces particules: *oc*, *oïl*, *oy*, *oui*, *aïe*. Dans le Roman de Garin de Loherans il y a: „ dit l'ecuyer: *oïl*, „ biax dox ami.

aigneau, agneau. p. 88. en Bourg. *agnéa*. p. 62. Lun. *aigné*.

d'aigre djotte, des choux aigres. p. 105. v. *chooux*.

aiguiaſſe, pie, de l'anc. Allem. *ageleiſter*, *aglaſter* pour *elſter*. p. 98.

aihi, aiſe. p. 98.

ailmè, allumer, éclairer. Nicot dit: „ *allu-* „*mer* & éclairer à quelqu'un. Dans Joinville „ *alume*, *alume*, éclaire, éclaire. v. Richelet. En Eſpagnol *alumbrar*, éclairer & *alumbrado*, éclairé. v. auſſi p. 101. 131.

aimi, ami. p. 88. Lun. *émi*.

aippenre, apprendre. p. 88. 96. Dans le Vocab. Auſtraſ. il y a *aiprenaige*, apprentiſſage. en Rum. *amparnar*.

aiprè, *èprès*, après. p. 88. 126.

aiquemodè, accomoder. p. 88.

enne air, un air, le vent. p. 133.

l'airmaire, l'armoir. p. 88. 94. Lun. *l'airmouère*.

enne airriche, une arrête.

aiſſévi, achever. v. *eſſévi*.

aiſſiette, aſſiette, p. 88. v. auſſi *trantcheu*.

aittaitchi, ettaitchi, attacher. p. 88. 87. 156.

enne aitte, un âtre. p. 88. 96.

aittelè, ettelè, atteler. p. 88.

aivarice, avarice. p. 88.

aivalè, èvalé, avaler. p. 88.

aiveule, èveule, aveugle. p. 88. 96.

* *aivant*, avent. p. 88. 159.

aivi, èvi, avis. p. 88.

enne âle, une aile. p. 93.

allandre, hirondelle. Du Latin *hirundo*, on a fait *arondeau, arondelle, hirondelle*. v. le Dict. de Rob. Etienne & de Nicot. En Eſp. *golondro, golondrino*, qui a du rapport avec notre *allandre*.

allèïe, allure. p. 90. 156. de *allée*.

allouatte, alouette. p. 89. 130.

* *amblai*, deſirer. en Bourg. p. 64.

enne andouille, une anguille. Lun. *ine angayïe*, c'eſt apparemment du premier, qu'une eſpèce de ſauciſſe porte le nom d'*andouille*, à cauſe de ſa forme longue & ronde.

âne, aune. p. 89.

anfamé, affamé. Lun. p. 163.

l'ango, le gond de la porte. peut-être de *angulus*, angle.

Anguenèse, Agnès.

annèïe, année. p. 90. 73.

* *anpor*, pour en B. p. 61. en Esp. *por*.

* *ansin*, ainsi. en B. p. 160.

antrevié, amphisbène ou surnois, en Allem. *Blindschleich*. peut-être de *vié* ver, vermis, & *antre*, caverne; parce qu'il se fourre dans les antres.

l'âoué, l'eau. p. 126. du Latin *aqua*, dont le *q* est aussi retranché dans le Rumonsch *aua*.

l'âouye, l'aiguille. p. 98. Lun. *ine aguïe*.

appaihi, appaiser. p. 98. Dans le R. de la Rose il y a *appayer*.

âsi, aussi. p. 89. 97. 147. ailleurs *âseu*.

l'âte, l'autre. p. 89. De là *l'âte-ci*, *l'âte-là*, celui-ci, celui-là. Au reste, c'est par erreur, que ce mot *âte* se trouve à la page citée, il falloit le placer parmi les exemples des lettres *l* & *r* retranchées p. 96. car on disoit autrefois *altre*. p. 21.

âtermont, autrement. p. 89. 90. 146.

avou, aou, avoir. p. 94. & 111. Lun. *évoi*.

avouonne, avoine. p. 94. 131.

Bac, bec. p. 89. 148. Lun. *bac* & *beuc*.

lè bâcelle, *baicelle*, la fille. p. 162. de *pucelle*. Peut-être l'All. *baſe* provient-il de *bácelle*.

bacquebo v. *baquebo*.

Bæchtin, Sebaſtien. p. 88. 98. & 85. it. *Bache*, p. 149.

Bærbe, *Bærbelle*, (terme Allemand) Barbe. p. 86. 88. Les Montbeliards diſent *Babichon*. à Lunev. *Babiche*, *Bichon*, *Babette*.

bahouè, aboyer. Lun. v. *ebbaouer*.

baichi, baiſſer. p. 98.

baihi, baiſer. p. 98. Lun. *báhi*.

bais, *bæs*, bas. p. 88. Lun. *biai*. p. 126.

baitoci, *bais-toci*, *bettoſi*, ici-bas.

baitolà, *bettolà*, là-bas.

baiſſe, vallée. de *bas*.

baiſſin, baſſin. p. 88. 85. en Bourg. *baiſſin*.

baitte, *bætte*, battre. p. 96. en Celtique *bædda*. v. Bullet.

baivatte, bavette. p. 88. 89. En Bourg. *baivaitte*.

* *banneire*, bannière. marque de nobleſſe. p. 159. Le proverbe, qu'on y trouve, veut dire, qu'avec le temps on peut déchoir de la plus haute noblesse. v. le Dict. des Noei Bourg.

baquè, bequeter, p. 89. 146.

baquè, *baquet*, courbe.

baquebos, pic-verd. en Picardie *bequebo*, pic, picus Martius, ainsi nommé, pour ce que de sa coutume il *beque le bos* ou le bois. v. Nicot.

baquesse, becasse. p. 99.

baquessine, becassine. v. p. 99.

lè basse, la bèche, Lun. *bâche*.

d'lè battisse, petit lait, qui vient lorsqu'on bat le beurre.

* *baudi*, garantir. en B. p. 160. de l'Ital. *bandire*, proclamer. comme *mouton* de *montone*, *couvent* de *conventus*.

bayè, pour *bailler*, donner. Lun. *bayi*. p. 145. Nicot. dérive le mot *bailler*, du Grec βάλλειν, d'autres du Latin *bajulare*. de *bailler* on dit encore *bail*.

* *béa*, beau. v. *biai*.

lè bectoreque, caille. Nom, qui imite le cri de cet oiseau. p. 130.

bedâye, certain oiseau.

lè bellouatte, la brouette. Lun. *brouatte*.

benian, béni. *benian finnes vos*, foyez les bienvenus. v. p. 127.

lo bequiâ, le bateau. Lun. p. 96.

lè berbis, la brebis. Lun. p. 99. 88.

befon, befò, befoin. en Prov. & Gafcon *befoun*. à Lun. *befan*. en Rum. *bafengs*.

befon, lourdaut. Lun. pour *pefant*.

béte, bête, infecte. p. 90... *béte do bouocha*, efpèce de cloporte rouge, qu'on trouve fur les hêtres... *béte ou dchvâ do bouon Diù*, pincelle. Lun. *choua di boin Duë*. petit infecte femblable. En Allem. d'Alface il eft appellé de mème *Herrgotts-Vœgelein*.. *béte de fouiattè*, bète de feuille. autre infecte .. *béte do trotchi*, infecte du coudrier.

bètiâ, bateau. Lun. *bequiâ*. p. 99. 88. 89. 133. 134.

lo bétin, le butin. p. 95. 85. 143.

lè bettéïe, la bataille. p. 98. 128.

lo beura, le belier. p. 141. Lun.

lè beurre, fém. le beurre.

biai, bas. Lun. p. 141.

biai, bié, beau. p. 89. 147. en Bourg. *bé*. Dans l'anc. langage l'on trouve *beals, biax, bial*. p. 30. 32. &c. item *Sinneri* Cat. T. III. p. 353. 365. *beals moz*, beaux mots. *Ahi, biax rex* — o beau Roi, o beau Sire. En Provençal *beou.* Voilà ce mot promené par toute la suite des voyelles.

bianc, biandche, blanc, che. p. 98. 147. à Lun. de même. en Ital. *bianco.*

bianc-cu, cu -blanc. oiseau. En Franç. on l'appelle encore le vitru, le moteu. en Latin Motacilla, Oenanthe.

bias, biasse, blet. p. 98. 89. Lun. *poère biasse*, poire blette. Lun.

biassi, blesser. p. 98. 89. *biassure, biasseure*, blessure.

in bié, un berceau. p. Je crois, que *bié* pourroit venir du Provençal *bres*, qui a la même signification. v. Recueil de Poës. Prouv. p. 10.

biépére, bépére, beaupère.

bieuchi, bercer. p. 93. 98.

bieussi dis pésés, (*dé pois* à Lun.) ôter les pois de la paille, lorsqu'elle est arrachée.

bieussi dis cmâs (*dé quemattes* Lun.) *d' tierre*, ôter les pommes de terre d'après les racines, quand on les arrache.

bin, bien. p. 63. à Lun. de même. vieux terme pour signifier agréable, beau, biens. v. Bullet. Mais il signifioit aussi bien. v. Mém. de l'Acad. de B. L. T. XXIV. p. 649.

binavroux, bienheureux. R. de la R. *ben euré*, Lun. *binarou*.

biyèt, billet, lettre. p. 98.

lè boaïe, bouaye, la leſſive, buée. p. 90.

lè bobance, la pompe, la magnificence p. 65. en bon François *bombance*.

bôchtyi, boiteux. p. 94. 89. comme *âchtant*

boeteù, trou. peut-être de *boëte*, d'où vien s'emboëter. plûtôt de *bot*, qui en vieux François ſignifioit trou en terre ou foſſette. v. Bullet. en Bas-Breton il a la même ſignification. près de Lunev. on dit *pequieu*, trou.

boin, bon. p. 73. Lun.

enne bôlatte, un bouleau. p. 94. 89.

Boline, Pauline.

bonne. mè bonne, ma foi. Lun. p. 123.

botaïe, botaye, bouteille. p. 94. 98. *bota*, grande bouteille, tonneau, en ancien François. v. Bullet.

bottè, botter, mettre. p. 126. 131. en Bourg. *bôtre*. p. 62. ne ſeroit-ce pas pour *porter* par une omiſſion ordinaire de l'*r*. p. 96. Les anciens diſoient *bouter*. v. Dict. du Rom. de la R. dans Nicot il y a „ *bouter* dedans les navires.„ Dans les poéſies du Roi de N. on lit *boter*.

boter. En Provençal il y a *bouter.* en Gascon *buta*, pousser. en Ital. *buttare*, jetter, en Rum. *purtar*, porter. Au reste de notre *botté* vient le François *botte de foin ou de paille.*

bouaïe, bâiller. p. 95. 98. à Lun. *bayï.*

lo bouhon, bouhô, le faucon, oiseau de proie. Bullet derive ce mot, sans savoir sa signification chez nous, de la racine *bychan,* qui en Gallois veut dire petit, menu, mince. Peut-être faudroit-il écrire *pouhon.* En Allem. de la haute Alsace on appelle de grands oiseaux de proïe, *poussanten, des poussants, Stoss-Vægel.* En changeant la *ss* en *h* & l'*a* en *o*, (p. 89. 98) ou auroit *pouhon.*

bounnat, bonnet. p. 93. 89. 162.

bouecha, fau, hêtre. de l'All. *eine buche.*

bouon, bon. p. 95. à Lunev. *boin.* en Prov. *bouën,* en Ital. *buono.*

lè bouonhoûre, bonheur. v. p. 102. où l'*ou* manque. en Provençal *boüenhur.*

bouône, borgne. p. 95. 96. Lun. *bourgne.*

bouôre, booure, boire. p. 94. 131. 141. en Gasc. *beoure.*

enne bouorre, une cane. fem. du canard.

bourique, âne. à Lun. de même. p. 143.

M

lè boutrehelle, le nombril. en Bas-Breto[n] c'est *beguell* & *bogail*. v. les Dict. d[e] Roftrenen, de Pelletier & de Bullet. [Il] faut écrire peut-être *budrhoel*, alors c[e] feroit un ancien mot compofé de *bud* immonde, obfcene & de *hoel*, clo[u.] Bullet donne ces deux mots pour Ce[l-] tiques, & fait defcendre le Latin *putr*[is] de *budr*... près de Lunev. *boudatte*, nom[-] bril. Peut-être cela vient-il de *bout* éminence... Ou bien feroit-ce de l'A[l-] lem. *Butterhœhle*?

boutte, botte. p. 93. *boutte de fat liùs* botte de fept lieues. grande botte, bott[e] de géans. p. 164.

lo bouyat, le flot. pour *bouillat*, de boui[l-] lir, comme *fouïatte* pour *feuillette*. E[n] Bas-Breton *bouilhard* fignifie orage, tem[-] pête. *bouillardufs*, tempétueux. v. Bulle[t] près de Lunev. *bouyon*.

braiqui, braquer. p. 88. & 63.

lo brais, le bras. p. 88. 148.

lis braifères, les braifières. p. 93. e[n] Bourg. *breifeires*.

brâmou, bravement. par contraction. [p.] 90. 147.

lè branfe, la branche. p. 97. C'est ainfi que dans Rabelais il y a *tranfon* pou[r] petite tranche.

braquè lè dchaigne, v. dchemme.
braude v. brode.
lo bravon, le gras de la jambe.
brayiè, braire, crier, pleurer. Lun. p. 162.
lè Br'chine, la Bruche, rivière.
dis brimbelles, des brebelles, des myrtils, en Allem. *Heidelbeeren.*
brinquè, offrir le verre à qq. pour qu'il nous faſſe raiſon. de l'Allem. *zubringen.* p. 131.
lo bro, le tombereau. de là *brouette.*
brode, braude, boue, vieux mot Celtique. en Bas-Breton *bry.* Dans les miracles de S. Bernard on lit „braium, quod lutum „appellatur.„ de *bray,* on a fait *broïe, brou, broue. brouet* ſe trouve dans Monſtrelet pour boue & *brayeux* pour *fangeux. brod,* boue en anc. Flamand. *brouet* en Languedocien & *braude* ſelon M^r. Bullet au mot *bry. braudo,* fange battue & *brautous,* barbouillé dans le Ramelet Moundi. Près de Lunev. la boue s'appelle *maguiatte.*
brouchatte, brochette. p. 98. 139.
brouïaird, brouillard. p. 98. à Lun. *brouïd.*
brù, bruit. p. 93. en B. Bret. *brud.*
b'ſaidge, viſage. en changeant le *v* en *b.*

M 2

ce qu'il falloit remarquer à la p. 99;
& puis p. 88. 87. 148; près de Lunev.
viſaige. en Gaſcon *viſatge.*

lè bſèïe, là veſſie, p. 148. pour *v'ſèïe,* en
retranchant l'*e* & changeant la terminai-
ſon. p. 92. peu à peu le *v* initial a pu
ſe changer en *b.*

lo bue, le bœuf. p. 94. 145. en Celtique
bou. v. Bullet. en Gaſcon *bioou.* en
Ital. *bue.*

do buô, du bois. *in buô,* un arbre. p. 94.
Cette dernière ſignification eſt très fré-
quente. Delà vient un ſingulier qui
pro quo, lorſque au Ban de la Roche
on veut parler François. En voici un
exemple : ,, Quand vous ſerez arrivés
,, au bout de cette *colline* (vallée), vous
,, trouverez un grand *bois* (arbre); laiſ-
,, ſez ce *bois* à gauche & paſſez par la
,, *forêt.* ,, Au reſte, la prononciation
de *buos* eſt à peu près la même que dans
l'Italien *buono, huomo.* à Lun. & en
Bourg. *bos.*

lis buôs, le bois, la forêt.

lè buotche, la bouche. p. 87. Lun. *gar-
gamelle.*

Ca, cas, encore. près de Lunev. Je le
crois ancien. p. 23. 25. peut-être de καὶ,
en Venitien *anca,* en Provençal *enca,*

item *encaro.* de là *encore, ecco, co.* v. *ecco.*

Cætton, Ketteline, Catherine. p. 88.

caigne, chienne. p. 88.

caiſſè, cæſſè, caſſer. p. 88. 153.

caiſſou de pieurre, caſſeur de pierre. oiſeau p. 88. 91. 96. v. *keurch-pierre.*

* *lè cambôle,* l'echauboule. v. p. 65.

campaigne, campagne. p. 88.

cappe, bonnet d'homme. en Prov. *cabe.* en All. *Kappe.* dans les anc. monumens François *capa* ſignifie un habillement, qu'on mettoit ſur les autres habits & qui les couvroit. v. Bullet.

lè çarvelle, la cervelle. p. 89.

lè caſé, la cauſe. p. 89.

lè catche, la truïe, coche. p. 93. 87.

cayatte, freſſure d'un bœuf. Lun.

enne caye de buôs, une pièce de bois.

enne cayatte de buôs, une petite pièce de bois.

caye, caille. p. 98.

caye-cayatte, caille. Lun. ſon naturel.

çàyi, badauder, béer, bayer.

ce, mis par pléonaſme. p. 119. 145. 146.

celiches, ceriſes. p. 98.

çelle, cette. à *celle fin que*, afinque. *célle eau* pour cette eau dans le R. de la R. v. auſſi *celes choſes*. p. 21.

cellehi, cerifier. p. 98.

lè cemetére, femin. le cimetière. p. 92. 102. Lun. *cim'tire*.

lo céte, celui. p. 154. Il faut l'ajouter à la p. 107.

cevére, civière. p. 93. en Bourg. *cevère*.

châ, chair. Lun. p. 163.

lè chéïte, le coin garni de fer, pour fendre le bois. Comme on appelle une buche en Allem. *ein Scheit*, ne feroit ce pas delà, que le mot patois viendroit par un méſentendu. voyez auſſi *coigna*. Lun. *cougnat*.

cheltè, gronder. de l'Allem. *ſchelten*, dire des injures à qq. à Lun. *hoyï*.

chi, dchi, chez. *chinzo*, chez lui. Lun.

lo chilorquin, le chirurgien. p. 76.

dé chiques, des boules de pierres, avec leſquels les enfans jouent. Lun.

chnidre, v. chnadrelle.

chnôque, couſin. de l'All. *Schnacke*.

Chtroſebourgue, Strasbourg. p. 147. Les payſans Allemands diſent de même.

chu, chez. Lun. Pathelin p. 38. *cheuz* M^r. Pierre.

chadè, chaquè, bruler. de chá, chaud.
  p. 87. 89. 105. 153. Lun. *chaqui*.

lo chadé, le gateau. Lun.

cháfi, chaufer. p. 77. 87. 89. à peu près comme au XII. S. p. 22. en Anglois *chafe*, (pron. *dchaife*).

lis chales do dcheù, les echelles du chariot. p. 86. 89.

cháyant, gliſſant.

chcoourò, ecureil. p. 97. autrefois *eſcurieu* de σκίερος. v. Nicot. Lun. *écuron*.

ché, chés, chez, ſix. p. 98 & 92.

chéïe-bin, perde-bien. p. 156. peut-être de *cheure*, tomber.

chéiure, chaire, chaiſe, ſiège. dans le Rom. de la R. il y a *chayère*. Lun. *haiure*.

chère, chaire-dchù, être aſſis, s'aſſeoir, quaſi *ſeoir deſſous, ſeoir bas*. p. 98. Dans l'ancien langage de Metz il y avoit *jeicher*. v. Vocab. Auſtraſien p. 74.

lè cherpatte, la ſerpe, ſerpette. p. 98. 89. près de Lunev. *lè ſarpe*.

cheuyò-dchù, aſſeyons-nous. p. 131. Lun. *haiò-nos*.

cheuré, tomber, de *cheoir*. p. 87. Lun.

s'chicquè, s'accorder, de l'All. *ſich ſchicken*. „Ç'a n' ſe chique mi, cela ne s'accorde pas.

lè ch*line*, la poule. du Latin *gallina*. O[n]
lit *geline*, (comme on dit encore pr[ès]
de Lunev.) dans un paſſage d'André d[e]
la Vigne (Poëte du XV ſiecle) cité pa[r]
M*r*. de Fonçemagne au XVII. T. de[s]
Mém. de l'Acad. des Inſcr. p. 594. [Le]
voici :

„ Auſſi y a un four à œufs couver,
„ Dont l'on pourroit, ſans *geline*, eſleve[r]
„ Mille pouſſins . . . .

de là le diminutif François *gelinote*. Ajou[-]
tons, qu'en Gaſcon un petit coq eſt ap[-]
pellé *galè*, du Latin *gallus*. v. le Di[ct.]
Languedocien.

lè ch*linatte*, gelinote, on l'appelle encor[e]
pouye de buós, dont ci-après.

ch*litte*, traineau. de l'All. *ſchlitten*. p. 87
lò chmé, la branche.

ch*nadrelle*, lézard. On l'appelle encor[e]
ſchnidre ou *chnidre*. Du nom Franç. *lé*[-]
zard vient une denomination bizarre
par laquelle on l'appelle en All. de Stras[-]
bourg *Jungfer Sara*.

dis ch*nitſes*, des quartiers de pommes,
de poires &c. de l'Allem. *ſchnitze*. p. 104.

chô, pitois, animal qui mange les poules[.]
Lun. *chò*.

ch*olle*, motte de terre, de l'All. *ſcholle*.

Glossaire Patois Lorrain. 185

chondre, bardeau, aiſſeau, échandole, en All. *ſchindel*. du Latin *ſcandula*.

chouè, eſſuyer. p. 98. à Lun. *aiſſuyï*.

è chouaïe, (à eſſuyé), à ſec, à couvert. p. 154.

choouron, *chôûre*, *choûûre*, eſſui-main. p. 98. 126. comme qui diroit *eſſuyeron*.

chooux, v. *dchooux*.

chpâle, épaule. p. 98. 89.

chpas, épais. p. 98. 93.

chpâbac, bec épais, oiſeau.

chpatz, moineau. de l'All. *Spatz*. Lunev. *moucha*. Autrefois *paſſe* de *paſſer*.

chpiſſet, oiſeau.

lo chpouſſa, la pouſſière. p. 97 & 102. où il faut mettre ch pour *ch*. Lun. *pouſſire*.

chpintre, épine. p. 98. 96.

chqeuve, *chqueüe*, balai. En Latin *ſcopæ*, en Eſpagnol *eſcoua*, *eſcouilla*, d'*eſcoua* en changeant *es* en *ch* p. 91. & *o* en *eu*, *a* final en *e*, *chqueuve*. En Bas-Breton on dit *ſcubellen* de la même racine. v. Pelletier art. *ſcub* & *ſcubel*. Au reſte le Bas-Breton nous fournit l'origine du mot *balai*, car *balan* y ſignifie du genêt, matière ordinaire, dont on le fait.

chquoerf, coque d'un œuf. peut-être de l'All. *ſcherben*, *ſcherf*. Lun. *coquie*, coquille.

chrolè, trembler, remuer, être secoué. dans le Rom. de la R. on lit *crofler*, dans Nicot il y a: „ les dents *croflent* & „ ébranlent. „ Depuis on dit *crouler*. Rob. Etienne & Trippault le derivent de κρύειν. Lunev. *greulè*.

chtæle, étoile. p. 91. 98. Lunev. *étoèle*. en Gasc. *eftelo*. en Rum. *fteila*. Lat. *ftella*.

chtælè, étoilé, de *ftella*, chtæle. Dans le R. de la R. il y a bien à propos *eftellé*.

chtælèïe, étoilée, nom de vaches, marquées de blanc au front.

lè chtande *de beurre*. tinette, de l'All. *butter-ftand*, *butter-ftændel*. p. 98. Lun. *tinatte*.

chtandis, tandis. v. echtandis.

chtandler, être debout. du Suisse *ftand* pour *ftehen*.

enne chtaye, une étable, écurie. on écrivoit autrefois *eftable*, du Latin *ftabulum*, delà on a fait *ftaule*, v. p. 97. & le Spect. de la N. Tom. VII. p. 236. de là en Bourg. *étaule* & comme en Lorraine on fait de table, *taye*, ainsi d'éftable, chtaye. p. 91. 97 & 98. Lun. *étabe*, *acouri*.

chtè, jetter. p. 97. 141. Lun. *chti* & *j'té*.

chton, essaim, pour *jetton*. p. 87. & 98. car on dit en Franç. *un jecton*, *jefton ou jetton de mouches à miel*. v. Nicot.

do chuèbe, du fouffre. de l'Allem. *fchwefel, fchwebel.*

in Chuitze, un Suiffe. *enne Chuitzeraffe,* une Suiffe. Lun. *ine Suifferesse.*

s'chuttlè, fe fecouer. de l'All. *fich fchüttlen.*

ci, ce, autrefois *cil*. v. p. 107. & Mém. de l'Acad. T. XVII. p. 726.

lè ç'mèye, la cime, le haut. p. 93. 144.

lè cimmetire, le cimetière. p. 102.

dis cifé, des cifeaux. Lun. *dé cifiá*. p. 89.

* *civeire*, civière, marque de pauvreté. en B. p. 159. v. *banneire*.

cmâ, à Lun. *quematte*. p. 74. 97. pomme, peut-être de *malum*, qui fignifie pomme en Latin. peut-être encore le *c* ou *qu* préfixé marque-t-il la différence d'avec *mal*. au moins *mâlie* fignifie pommier ... *cmâ de tierre*, pomme de terre.

cmandè, commander. p. 94.

cnochi, cnoch, connoître. p. 106. Lun. *cnachi, qu'nachi*. p. 134.

co, v. *ecco*.

lo cô, le cou. p. 94. *lo cô do pid*, le coup du pied.

côbin, combien. p. 96. Lun. *conbin*. en Rum. *cò*, comment.

lo coigna, le coin fans fer. v. *chéite*.

coir v. *quoire.*

Colæ, Nicolas. p. 99. Lun.

Colitche, petit Nicolas. p. 152. Lun. *Coliche.*

colline, vallée. p. 100. Lun. *coulline.*

colom, colon, colò, pigeon. p. 130. 155. du Latin *columba*. Le R. de la R. a *coulon*. On dit encore *colombe*. item *pingeon.*

compaignéie, compagnie. p. 88. 127.

lè çondre, la cendre. p. 90. Lun. *les centes.*

confeiè, confier. Lun. *confii.*

conte, contre. p. 96. 141.

lo coutrefieù, le printemps. Lun. *lo pruntemps.*

cooue, quooue, queue. p. 91. 148. 149. Lun. *quaouë*, queue; *quaouatte*, petite queue. En Gascon lon dit *coüo*. v. le Ramelet Moundi. Dans le R. de la R. & dans la Grammaire Françoise de Henri Etienne, il y a *coue*. en Lorraine de même. Nicot explique *escouer* par ôter la queue à une bête. en Gascon c'est *escoüaté*. Voici la généalogie de notre terme : Lat. *cauda*, Ital. *coda*, Venit. *coa*, delà *couo, coue, cooue* & puis *quaoue*, queue.

côp, coup. p. 94. Dans le R. de la R. & les poes. du R. de Nav. il y a *cop*. item en Gascon.

côpè, couper. p. 94. Chateillon trad. de S. Matth. ch. 3. .. *lè côpure*, la coupure.

lo copére, le compère. p. 90 & 96.

lo coquerò, la teigne. de *coque*, parce que cet insecte s'enveloppe. Lun. *rógne*. voici un mauvais dicton : *Peuſſe-teu évoi lè rogne, lè tógne ca lo freſſin.*

lo coſſioù, Lun. *conſeyïou*, qui donne un conseil. p. 96. 154. en Rumonsch *ilg cuſſelg* signifie le conseil. Lunev. *conſeyï*. dans l'ancien François *conſau*. v. Mém. de l'Acad. T. XXIV. p. 679. it. *conſiau*. p. 30. en Prov. *counſeoù*.

côte, proche, *à côté*. p. 75. 141. 146. voici un exemple : *Mairriò ! bott' in po mò tò côte ti.* Marie ! mets un peu mon tour (à filer) à côté de toi (au près de toi). près de Lunev. *conte* de *contre. . bott' in po mò torat conte teu.*

ine cotte, une jupe. Lun. en Allem. *eine Kutte.*

cottè, couter. p. 94. 130.

couaidchi, couedchè, cacher. p. 95. 87. 145.

lo couairome, le carême. p. 95. 88. Lun. *cairéme.*

couéle, écuelle. du Latin *ſcutella*, en Esp. *eſcudilla*, en Franç. *eſcuelle, écuelle*, de là *couéle*. près de Lunev. *acouèle.*

coverasse, poule, qui couve ou qui men[e] des poussins. p. 94.

lo couchené, le cuisinier. p. 154. Lun. *queujeneye*.

couche-teu, tais-toi. p. 146.

s'couhi, se taire. p. 75. 162... autrefois *coiser*, v. le Spect. de la Nat. T. VII. p[.] 236. de *coi, se tenir coi*. En Gascon o[n] dit *sa couch; esta couch*. en Rum. *cuscher* se taire.

lè couhîne, la cuisine. p. 98. Lun. *lè queujin[e]*

lè coulieuve, la couleuvre. p. 93 & 96.

couoche, court. adjectif. Lun. *coch*. p. 98[.] Il faut distinguer ce mot de *il cout* o[u] *il cou*, il court. Mais *la cour* se nomm[e] en patois *lo hoffe*.

tot couoche, tout court, vite, tout à l'heu[-] re. p. 130. 131.

lè couôde, la corde. p. 95. 96. Lun. *lè codïe[.]*

couonaïe, corneille. p. 98. 96. 95. 146.

lè couône, la corne. p. 95. 96. 148. Lun[.] *lè cogne*.

couoraidge, courage. p. 94. 87. Lun. *co[u]ræige*. en Gascon *couratge*. Rabelais, *couraige*.

couorbe, crochet, ou baton, auquel o[n] pend la viande à fumer. p. 88. Il fau[t] la distinguer du *curmet*.

couorbée, corbeau. p. 90. 95. Lun. *crâ*.

couorbèïe, corbeille. p. 95. 98. Lun. *cherpeigne*.

couóre, coudrier. On l'appelle aussi *trotchy* .. *savaidge-couóre*, orme blanc, à cause de quelque ressemblance des feuilles.

couorre, courir. p. 95. 139. 141.

lè couroïe Saint Linaid, la courroie de S. Léonard. l'arc en ciel. Cette dénomination se fonde vraisemblablement sur une Légende. Le peuple rapporte facilement à son culte ce qu'il voit de beau, de bon, d'extraordinaire, d'effrayant dans la nature. Delà l'erysipèle s'appelle feu St. Antoine & l'ignis lambens, feu St. Elme. Il y a des plantes, qu'on appelle gants de la Vierge, paille de la Vierge &c. On a aussi une lacryma Christi. Proche de Luneville l'arc en ciel est appellé *couróne de St. Bernard*.

cousin, cousin. p. 85.

il cout, il court. p. 96.

coutée, couteau. p. 90.

lè coutjèïe, le fouet. il a du rapport avec l'Allem. *Geistel*, *Geissel*.

couyïe, cuiller. p. 91. 98. *couyïe do pot*, cuiller à pot. Lun. *couyïe di potà* .. *couyïerèïe*, cuillerée.

crachatte, petite raine ou grenouille. Lun. ſon naturel.

crachi, cru. de *croître*, comme s'il avoit au ſupin *croiſſé*, à peu près, comme en Provençal *creire*, croire, fait le ſupin *creſu*.

crære, croire. p. 94.

lè crappe, la crèche. de l'Allem. *die Krippe*. Lun. *lè crachë*.

lo crepâ, le crapaud. p. 89. à Lun. *pauré hóme*, parce qu'on prétend, qu'il crie ainſi.

creſſlare, quelque oiſeau de nuit.

lo creutche, le hoyau. Lun. *lo haoué*.

crincelle, crecerelle. Lun.

crii, *quériè*, crier.

lè croche do pain, la croute du pain. p. 94. 97. Lun. *lè crotte de pain*.

lè crouc, *crouque*, la cruche. C'eſt l'Allem. *Krug*. Lun. *lè creuche*.

Cruchtman, Chriſtman. nom de baptème. p. 92 & 98.

cruſi, creuſer. par un changement de l'*eu* en *u*, qu'il faut ajouter à la p. 92. Lun. *creuſi*.

cueure, cuire. p. 95. Lun. *queure*.
cueut, cuit. p. 131.

curmet,

curmet, crochet, auquel pend la marmite ou le chauderon sur le feu. Lun. *lo cramat*. En Franç. *la crémillière*, en Allem. *die hohl*.

Dāan, *dán*, avant. p. 54. *dāan que*, avant que. pour *d'avant que*. p. 131. Prov. *davant que*. Gascon *davan que*. Ital. *davanti che*.

dæ, doit. p. 94. 153.

d'aibor, d'abord. p. 88. & 63. en Bourg.

lo dāïe, le doigt. p. 93. 154. Lun. *lo doye*. De *digitus*, l'Ital. *dito*, le Vénit. *deo* &c.

Daine, *Demme*, Dame. p. 88.

daini, danné. p. 88. 162.

daivètaidge, ou *devètedge*, davantage. p. 88. 87. Lun. *d'ventaige*. p. 124.

lo dāiré, *dairi*, *dari*, le dernier. p. 161. Lun. & Prov. *daré*. Gasc. *darrié*, derrière.

dalà, *dallà*, de là, après. p. 89. 131.

vos dan'ras, vous donnerez. p. 93. 114. 130.

dansi, danser. p. 90. Lun. *dainsi*.

dari, derrière. p. 89. 162. Lun.

das que, dès que. p. 89. 161.

Nous voici à l'usage fréquent du *dch*, dont-il a été parlé à la page 87. & dont on a déjà fourni des exemples. Il est remarquable, que des habitants des

N

deux paroisses du Ban de la Roche, ceux de Rothau ne connoissent pas l'usage de ce son dental, au lieu que ceux de Waldersbach s'en servent à tout moment. Il arrive de là, que ceux-ci appellent ceux-là en badinant des *habla*, qui à leur tour donnent aux autres le nom de *grobiches*, voulant dire *grobitches*. Les Vénitiens different entre autres des Toscans d'une façon semblable, disant *pase*, *dise*, *piase* pour *pace*, *dice*, *piace*; item *zanze*, *zenero*, *zornae*, *zogo*, *zoba*, *zonse*, &c. pour *ciancie*, *genero*, *giornate*, *giuoco*, *giovedì*, *giunge* &c.

dchâ, chaud. p. 87. 89. 153. Lun. *châ*.. *lo dchâ tomps*, le chaud temps, l'été.

dchâdgi, charger. p. 96. 87. Lun. *chaihi*. en Anglois *charge*. (pron. *dchairdge*.)

dchai, *dchæ*, chair. p. 96. 155. Lun. *châ*.

dchaidge, charge. p. 88. 96. en Angl. *charge* (pron. *dchairdge*.)

lè dchaine, la chaine. comme on prononce *chain* en Angl.

lo dchaipée, le chapeau. p. 87. Lun. *chèpé*. *caput*, *capo*, *capello*, *capeou*. (Prov.) chapeau, *dchaipée*.

lo dchairlé, *dchærlée*, le chalit. p. 87. 88. Lun. *châlé*.

lè dchaisse, (tout comme en Anglois *the*

chace ou *chafe*) la chasse. p. 142. Lun. *lè chaiſſe*.

dchaiſſou, dchaſſou, chasseur. p. 91. Lun. *chaiſſou*.

lè dchaitte, dchette, chat. p. 102. 87. Lun. *chaitte.*

lè dchambre, la chambre. p. 130. presque comme on prononce *chamber* en Angl. p. 87.

dchamp, champ. p. 87.

dè dchânce, du bonheur. p. 149. 154. de *chéoir*, tomber, autrefois *cheance* & *chaance*. v. les Poës. du R. de N. & le R. de la R. Pathelin dit *meschance*, malheur. p. 48. en Angl. *chance*, fortune, hazard. (pron. *dchaincé*).

dchandernia, dchanderminia, chardonneret. Lun. *chaudronnié, chaudronnet.*

lè dchandôle, la chandelle. p. 87. 90. Lun. *chandôle*. p. 163.

dchâne, chêne. p. 89. Lun. *châne*.

lo dchani, le charnier. p. 96. 87.

lis dchaoùx, les cheveux. p. 89. 91. Lun. *chavoù*. Du Lat. *capilli* l'Ital. *capelli, capei*, le Venit. *cavei*, & puis *chavou, dchaqù, cheveux* &c.

lo dcharreton, le charretier. p. 87.

lè dcharróoue, la charrue. p. 87. 95.

lè dcháfine, la chaux. p. 87. 89. Lun. *lè chá*.

lè dchême, ou *dchaime*, le chanvre. p. 87 & 102. Il faudroit dire *dchainne*, mais le Ban de la Roche confond aussi *chanvre* avec *chambre* én'parlant François.. Lun. *chaigne*.. Les différens travaux, qui regardent le chanvre, sont 1) *quoaſſè*, *coiſſè*. 2) *braquè*. 3) *pilè*. 4) *foitchi*. 5) *ſéllehi* (ferancer).

dchémin, chemin. p. 87. 85. Lun. *ine fante*. un fentier.

lò dchèpée, *dchaipée*, le chapeau. p. 126. 157.

dcher, cher, aimé. p. 87. 125.

dchère, *dchaire*, tomber. Lun. *cheûre*. le R. de la R. *cheoir*. Les poëſ. du R. de N. *chaoir*. en Eſp. *caer*. du Lat. *cadere*, *caër*, *chère*, *cheure*, *cheoir*. H. Etienne (Gr. Gall. p. 53.) donne la conjugaison de ce verbe: *je ché, tu chés, il chét, nous chéons, vous chées, ils chéent. je chéoye* &c... *dchéyant*, tombant. lè R. de la R. *chéant*.. *dcheû*, tombé. autrement *chû*. de là *déchu*. Marot Pſ. 9. „ les malheureux font „ *cheus* au piège fait par eux.

in dcheù, un chariot. Lun. *ché*.

dcheù! cri pour chaffer les poules.

dchèvat, oreiller, chevet. à St. Blaife, à

une lieue du B. de la R. on dit *cheveçâ*. R. de la R. *chevecel*.

dcheuve, chevre. p. 153. Lun. *chüf*. du Lat. & It. *capra*, le Venit. *cavra*, de là chevre, *dcheuve*. en Gasc. *cabre*. Esp. *cabra*.

lè dchevie, la cheville. p. 87. 98.

dchevrüe, chevreuil. p. 87. 96 & 88.

dchi, chez. p. 87. 90. de là *è dchi*, chez. p. 152. *vaidchivo*, vas chez vous. Lun. *chû*, chin. *chû mo pére*, chin zo.

dchieùch, *dchiùch*, cher, à haut prix. p. 87. 98. autrefois l'on disoit *chier*. v. le Rom. de la R.

dchieudge, charge. p. 87. 96.

dchin, chien. p. 87. 152. Prov. *chino*. Lun. *chin*. en Breton *ki*. v. Pelletier.

dchooux, choux. (du Lat. *caulis*). Distinguez ce terme de *djotte* & de *cabous*. Les *cabous* (de *caput*) sont les jeunes plantes de choux, qui en son temps formeront des têtes. *lè djotte*, apparemment pour *jouie*, de *jouter*, pousser, signifie d'abord la verdure ou les herbes en général, puis la fane des plantes, ensuite les choux blancs, & cela peut-être à l'imitation des Allemands d'Alsace, qui appellent ces choux blancs *kraut*, herbe. Or, comme on en fait *la four-*

kroute, nous devions la nommer proprement *d'aigre-djotte*, à la page 104 & 105.

lè dchopine, lo dchopelet, la chopine. p. 87.

dchouatte, chouette. p. 87. 89. Lun. *chaouatte*.

dchù, fous. p. 87. comme *cheyè dchù*, affeyez-vous. d'après l'Allem. *fitzet nieder*. en Gafcon *dejouts*, fous.

dchvâ, cheval. p. 87 & 96. Lun. *chouâ*. Prov. *chivau*.

* *s' de-Barôzè*, fe défaire de la naïveté du patois de la famille de Barôzai, vigneron fort célèbre par fon langage. en B. p. 161.

debordè, deborder. Bourg. *débodè*. p. 63.

lè débouâtche, la débauche. p. 95, 87. 89. Lun. *ripaye*. v. ce mot.

deboufé, crotté, fali, fouillé. le R. de la R. a *emboufé*. Lun. *dequiffé*.

déche, dix. p. 92. 98. de là *déchefept, decheute, dechenieuf*. Prov. *dex*, dix.

déche que, jufque. p. 148.

dechfermè, ouvrir. quafi *défermer*. Ce *défermer* fe trouve mème dans Nicot. Le B. Bret. a une expreffion femblable. Lun. *ouvri*.

dechonde, defcendre. p. 98. 96. 156. Lun. *déchande*

lo dechpé, le dépit. p. 97. en Gasc. *despiéyt*.

dechúri, dechiré. p. 92. à Lun. *dechuri*. Rabelais disoit *dessiré*.

Dedié, Didier. Nom propre. On le prend pour *Dietrich*, qui est Thierry. Didier seroit plutôt *Desiderius*.

dedò, *dedons*, dedans. p. 89. 96. Coquill. p. 15. » *dedans* brefs jours. Lun. *dains*.

dedò tolù, la dedans. p. 129.

dedò toci, ici dedans. p. 130.

Dedole Yéri, Didier fils de George.

défonde, défendre. p. 90. 146. Lun. *défente*.

défyi, défier. p. 106.

lo degré, l'escalier. Lun. *escayï*.

deheusse, dise. suivant p. 114.

déhont, v. *déie*.

* Dei, Dieu. v. *Diù*.

demaitge, domage. p. 88. 87. Gasc. *doumatge*.

demée, demi. p. 92.

demòrè, demeurer. p. 92. 124. C'est le langage du XI. S. p. 15. Ensuite l'on disoit *demourer* & *demeurer*, & cela encore au XVI. S. v. H. Etienne (Hyp. L. Gall. p. 35.) Cependant *demorer* valoit mieux; car le terme vient du Celtique *mor*, arrêt, séjour, duquel descend aussi le Latin *mora*. selon Bullet. Lun *demouèré*.

lo démouondche, le dimanche. p. 92. 95. 89. 87. 147.

se démouonè, se demener.

denviè, ouvrir. p. 138. 147.

dépons, dépens. p. 90. Lun. *dépains*.

dére, dire. p. 92. 128. *il dehont*, ils disent p. 92. 98.

d'rmi, dormir. p. 94. 131. à Lun. *dremi*.

desuri, desirer. p. 92. 123.

deuh! deh! Exclamation, c'est le *deh!* des Italiens. Lun. *deù*.

dev'ni, venir. p. 124.

lis dgédgéres, la gencive. Lun. *les gengives*.

dgens, gens. p. 87. 136.

dgeûre, coucher, loger. p. 130. de l'ancien *giser*, dont on dit: *cy git*. ou bin de *cheoir*.

djà, déjà. p. 92. Lun. *jaì*. autrefois *jà*. Marot Ps. 22. „ *jà* ma dépouille entre „ eux ont divisée. „ Chateillon St. Matth. „ Or èt *jà* la coignée mise — „ Bullet prétend, que *jà* est d'origine Celtique, parcequ'il le trouve en L. Basque, & que le François *déjà* s'en est formé aussi bien que le *jam* des Latins.

djabin que, quoique. Lun.

Diadatte, Claudine, comme *Claudette*. Lun. *Guiadine*.

djadin, (jardin.) p. 96 & 87. en patois proprement *verger*; car un jardin s'appelle *in mais.* & à Lun. *mé.* en Bourg. *jadin.*

Diadon, Claudon, petit Claude. p. 149. comme qui diroit *Gladon.* Lun. *Guiada, Guiadin.* p. 98.

Djæques, Jaques. p. 87. 88. Lun. *Jaquot.*

djaimæ, djemæ, jamais. p. 87. 88.

djāïeux, joyeux. p. 93. 91. Prov. *jouïous.* en Angl. *joy* se prononce *djayïe.*

djaivelle, javelle. p. 88.

djalāïe, gelèe. p. 90 & 87. Lun. *gelaïe.*

lo diâle , le diable. p. 95. 148. Les Bourg. & les Picards difent de mème. v. le Dict. des Noei Bourg. Dans les Poéf. du Roi de Navarre il y a *deaubles.* Lun. *diale, diaule,* item *jnat, grimod.*

lo djalie, le petit coq. p. 87. 130. v. *djas.* Lun. *jalat.*

djâne, jaune. p. 89. 87. 147. Lun. *jâne.*

lo djâs, le coq. p. 88. Lun. *jàs.* Par corruption de *gallus.* Irland. *gall.* Gafc. *galè.* Dans notre patois *djalie,* Lun. *jalat,* s'appelle un petit coq; par où l'on voit, qu'il n'y a de différence, que dans la prononciation. Au refte, ce mot *jas* eft d'un ancien ufage dans le François. v. p. 23. M[r]. Bullet remarque, qu'on appelle vulgairement en François une oïe mâle, *jars, jar, jas*, & que le mâle des poules étoit nommé de même, parceque *jar* fignifie poule. *Jau* en Berri & ailleurs coq. En Patois de Franche-Comté *jageou* defigne le bruit, que font les coq & les poules dans le poulaillier, pour en fortir. *javiole*, une cage, fous laquelle on met des poulets. *Dès le poltron jacquet* veut-dire dès le point du jour; proprement c'eft *dès le cri du coq*. M^r. Bullet infère de tout cela, que *jaq* a defigné le coq en Celtique & que delà vient notre *jas (djas)*. Ajoutons, qu'il femble, que de *jas* vient *jafer*, que Rob. Etienne & Nicot expliquent par crier comme les geais, les pies, les perroquets. Richelet même n'en a pas indiqué l'origine. Trippault le dérive du Grec mal à propos.

lo djas boubou, coq de bois. on l'appelle *boubou* par rapport à fon cri.

dje, je. autrefois l'on difoit *jou*. p. 30. & cela fe dit encore en Rum. Gafc. *you*. Prov. *yeou*. à Lun. *jo*. peut-être la racine eft-elle *l'ego* des Latins.

Djeanni, Jean Nicolas. p. 87. 103.

Djean'ton, diminutif de Jean.

Djeanniton, dim. de Jeannette.

djemæ, jamais. p. 88.

lo djeüe, le jeu. p. 87. 138. Lun. *lo jeuye*. p. 140.

djeutte, v. *jeute*.

lè d'jîne, le diner. p. 152.

d'jinè, dejeuner, diner. p. 138. Lun. *dînè*.

Djirôme, Jerôme.

djo, jour. p. 94. Prov. *jou*. Du Latin *dies*, *diurnus* se fait l'Ital. *giorno*, de là le Franç. *jor* p. 40. *jour*, *jou*, *jo*, & le Rum. *gi*, à moins qu'on n'aime tirer le mot de *gi* directement de *dies*, mais je crois, que c'est la paresse, qui a fait abréger *giorno*. Au reste le *d* se change encore en *g* dans la même langue, car *nobis dic*, dis nous, est rendu, *nus gi*.

djonne, jeune. p. 92. 149. à Lun. *jône*. Ex. „ t'as mou *jône*, t'as ca in bianc „ meusé„ tu es bien jeune, tu es en- „ core un blanc bec. „ Prov. *joüine*.

Djoson, Joseph. p. 87. Lun. *Jôson*.

Djôsseli, Joseph. p. 87. Lun. *Jousa*.

lè djotte, v. *dchooux*.

in Djouéîe, un Juif.

dis, des. p. 89. 103.

Diù, Lun. *Duë*. p. 71. au X. S. il y a *Deus*, comme en Latin. p. 14. au XI. *Deu*. p. 16. au XII. *Deu, Diu, Dex*. p. 26. 27.

Dieus, p. 30. *Dieux*. p. 32. en B. *Deï*. p. 61. Prov. *Dieou*. Gafc. comme au B. de la R. *Diu*. p. 57. item *Dious*. Rum. *Deus*.

djù, fon pour animer les chevaux. Lun. *hû dià*, à gauche. *hûrhau*, à droite.

lè djuche, la joue. Lun. *lè babène*.

enne Djuif'raffe, une Juive. Lun. *ine Juifereffe*.

djunè, dejeuner. Lun. *djuni*.

d'nè, donner, donné. p. 94. 131. Lun. *bayï*.

fe d'nè de vouade, appercevoir. p. 138.

dò, *dons*, dans. p. 89. 96.

domm'halle, fervante. de *Demoifelle*, *domefelle*, *domm'halle*. p. 98. 152.

domprum, Lun. *aupreum*, n'y a guères, (en Allem. *erft*) item feulement, encore, du Latin *dum* ou *tum primum*. p. 92. On difcit autrefois *primes*. Dans la Chron. de S. Denis on lit *Lors primes* p. 38. Rum. *amprim*, premièrement. Gafc. *deprim abord*, d'abord. Dans H. Etienne (Gr. Gall. p. 72.) je trouve *auprime*, *orprime* .. Pour *primes* on difoit *prumes*, pour *premier* en Gafcon *prumié*. Dans le Ram. moundi p. 245. „A Mfgr. „ le *prumié* prefiden. „ Voilà au refte encore quelques exemples du terme *domprum*.

„ De peu quouand as-vos d'l'airgent?..
„ *Domprum* da adj'deù...
„ Recitez vote elleçon...
„ Je l'epprons *domprum*...
„ Il ervenré tot?.. O que nò, il a *domprum* fieù.

dondé, boin jo dondé. p. 73. Lun. peut-être pour *donne Dieu*. On dit aussi *dondé* seul en abordant quelqu'un, mais alors il faut sous-entendre *bon jour*. Cela est clair, parce qu'on dit encore *boin jo'f dondé*, bon jour vous donne Dieu.

lo dont, la dent. p. 90.

dooù, devoir. p. 94.

d'rmi, dormir. p. 94.

do doté, du gateau cuit au four.

dotè, douter. p. 94. item craindre, avoir peur. p. 79. Voici un petit dicton de Lun. à ce propos : „ Teu dée, babio, „ teu cheuyoye à feuye, teu bieuye tò „ gogna, teu fyé *doté* mi.. Tu dors, ba-„ billard, tu tomberas au feu, tu brule-„ ras ton nez, tu me feras peur. „ Mais l'on disoit bien *douter* pour craindre dans le vieux langage François. En voici un exemple dans le D. de Trévoux, „*douter* plus homme que Dieu. C'eſt ainſi que S. Bernard appelle *l'avarice* nettement *doubte povretei*, crainte de pauvreté. v. Spect. de la N. T. VII. p. 242.

doù, où.

d'oua, vers devers. p. 141. 146.

douſſe, doux, deux. p. 109. en Prov. *dous*, en Rum. *dus*.

doux, deux. Lun. p. 163.

doye, double. en Gallois, dialecte du Celtique, *doy* ſignifie deux. v. Bullet.

drà-hâ, en haut, droit en haut. Lun. *dro-hâ-let*, là haut, *dro-hâ-ceu*, ici en haut.

dræ-dchû, en bas, de *droit* & *cheoir*, a moins qu'on ne veuille deriver ce *dræ* du Celt. où il ſignifie d'après M^r. Bullet *par*.

lo draip, *lo drèp*, le drap. p. 88.

dremi, v. *d'rmi*.

dſò, deſſus. p. 141.

d'ſus, *dſù*, deſſous, ſur. p. 125. Lun. *dſi*.

duch, dur. p. 98 & 87.

è, à. p. 103. Prov. *ei*. Bourg. *ai*.

* *éa*, eau. en B. p. 160.

ébabi, ebaby, étonné. Gaſc. *embahit*. autrefois *esbahy*, *ébaubi*. R. de la R. *eſbahit*. Marot Pſ. 43. „mon cueur, pour-

„ quoi t'*esbahis* ores ? „ Molière Tart. V. 5. „ je suis toute *ébauhie*. „ Ce terme est commun à Paris. Don Pelletier croit qu' *ébabi* pourroit venir du Celt. *abaff*, étonnement, *abaffi*, étonner. D'autres le dérivent de l'Hebreu. v. le D. de Trév. art. *ébahi*.

ebbaitte, abattre. p. 88. 96.

ebbaouè, abboyer. Lun. *bahouè*.

ebbovrè, abbreuver. p. 99.

ébeche, outil.

ebbèïe, envie. p. 96. 145. le *v* se change en *b*, comme dans *b'saidge*.

* *éborgè*, repandre. en B. p. 85. 159.

* *éboui*, étonné. en B. p. 160.

ebraissi, embrasser. p. 96. 88. Lun. *embrassi*.

ecceptè, accepter. p. 88. de là des qui pro quo assez plaisans.

écco, co, encore. p. 99. Lun. *ca*. v. *ca n'ecco mi*, *ne co mi*. Lun. *ca meu*, non encore moi, ni moi non plus.

eccoutumè, acoutumer. p. 88.

* *écharre*, vigneron. en B. p. 161.

l'echcueume, l'écume. p. 97. 95. Lun. *l'acume*.

l'echcuoche, l'écorce. p. 98. 96.

è chouâi, à couvert, une remise. p. 97. 154.

echtandis, *chtandis*, tandis. p. 97. 138. comme *áchtant*. p. 89.

ecmoci, *ecmoffi*, commencer. p. 138. 144. quafi *encommencer*, comme on lit p. 22.

ècôle, c'eft ainfi qu'il faut lire p. 127. la prononciation approche d'*ècoule*, ce qu'on doit obferver à l'égard de plufieurs de ces ô circonflexes.

écombroufe, embaraffante, gênante. R. de la R. *encombreufe*, de *encombres*, embarras, qui fe trouve dans l'anc. F. v. Nicot. On trouve auffi *encombriers*. En B. Br. il y a *dazcompra*, it. *incombrein*. v. le D. de Roftrenen.

ecque, *èque*, quelque chofe. p. 128. 130. Dans le Voc. Auftr. il y a *aicques*. Ne feroit-il pas du Lat. *aliquid?* Lun. *yec*.

ecquemôdè, accomoder. p. 131.

* *écraigne*, p. 159. en B. hute faite avec des perches fichées en rond, recourbées par en haut, le tout couvert de gazon, & de fumier. v. le Dict. des N. B.

écrére, ecrire. p. 92. 127.

écr'tole, écritoire p. 106.

èdè, *èfdée*, v. *aidè*.

eddræ, adroit. p. 94. 147.

éffant, enfant. Gafc. *efant*. p. 55. Lun. *affant*. p. 122. Rum. *uffont*. Poëf. du R. de Nav. *enfes*.   *effemè*

effemè, affamé. p. 88. 146. Lun. *anfamé*.

effère, *effaire*, affaire, chose. p. 133. Lun. *effare*.

effronté, honteux. de là le qui pro quo, „ il est si *effronté*, qu'il n'a pas le cou- „ rage d'ouvrir la bouche.

égærè, égarer. p. 86 & 88 Lun. *parte*, de perdre.. égæré, sup. égaré. Lun. *pagu*.

égraichi, engraisser. p. 96. 98. Lun. *engrachi*.

ell'mè, v. *ailmè*.

* *emillant péril*. en Bourg. p. 160. qui pro quo, pour évident péril.

empiette, emplette. p. 98. 134.

empoutè, emporté. p. 85. 133. v. *poutè*. Lun. *eimpouquè*.

en, en. p. 85. *dj'en vu co*. Lun. *j'en vue ca*, j'en veux encore.

en, ne. Lun. p. 140.

enfié, enfer. p. 85. 93 & 96. Lun. *enfé*. Prov. *infer*. Gasc. *ifér*.

en let, ainsi. Lun. p. 142. au B. de la R. *ains-là*, *ains-ci*.

enne, une. p. 95.

enne, peut-être & *ne*. p. 127. v. aussi *n*.

enne, ne. p. 145.

O

enſenne, enſemble. p. 85. 98. Prov. *enſên*. Bourg. *anſanne*. Lun. *enſâle*.

envéïe, envie. p. 144. comme. *bſéïe*.

enviè, hiver. p. 85. 93. Lun. *hivar*. Ital. *inverno*. Rum. *unviern*.

envii, envier. p. 85. *enviou*, envieux. p. 85. 91. 145.

épeigne, épine. p. 64. Lun. *pinque*.

èpiaiyè, employer. p. 96. 98. 133.

* *épiglôguè*, en B. examiner avec attention, mot corrompu d'*épiloguer* & mal employé par les ignorans.

* *éporçure*, appercevoir. en B. p. 159.

eppeurdchi, approcher. p. 88. 99. 87. 145.

èppoutè, apporter. p. 88. 93. 96. Lun. *èpouquè*. p. 126.

èque, v. *ecque*.

erci, reçu. p. 99. 95. 162.

ercontè, raconter. p. 99.

erdjouè, rejouer. p. 99. 87. 138. Lun. *erjoyi*. p. 140.

erdondè, renverſer.

erfârè, apprendre. de l'All. *erfahren*. „ dje „ ne lo faoù mi, dje l'ai *domprum erfart*.

ermain, hier. Lun. *hiér*.

s'ermatte, ſe remettre. p. 99.

Glossaire Patois Lorrain.

ermerciè, remercier. p. 99. 127.
ermontè, remonter. Lun. p. 99.
ernaguè, vomir. Lun. *ernagui*.
ernayï, nier. proprement renier. p. 99.
erpâmè, rincer. p. 126. Lun. *rincè*.
erpéttè, repentir. p. 99. 96. 138. Lun. *erpenti*.
erraidgi, enragé. p. 88. 87. 141.
erraïe, oreille. p. 98. 148. *duch d'erraïe*, fourd.
errivè, arriver. p. 88. 147.
errouhè, aiguifer. de *roïe*, rouille, *roïant*, rouillé, en bon François *dérouiller*. En Pat. l'on dit encore *rairouchè*. peut-être d'*aiguifer*. p. 98. Lun. *ramoulè*.
erfennè, reffembler. p. 99. 98. 155.
ertirè, retirer. p. 99. 146.
ertonnè, retourner. p. 99. 146.
erveni, revenir. p. 99.
ervérence, revérence. p. 97. 99. 127.
ervouètè, *ervuetè*, confidérer. de *ervouadè*, regarder. p. 97. 99. Lun. p. 145. 157.
es, en. H. Etienne (Gr. Gall. p. 83.) dit, qu'*en* eft pour le finguliér, *es* pour le plurier. Il vaudroit peut-être mieux d'écrire *ai* comme dans les N. Bourg.

èsdée, toujours. v. aidé.

* espar, expert. en B. p. 160. *à dire d'espar,* à dire d'expert.

essévi, achever. p. 97. 132.

l'estomè, l'estomac; la poitrine, le ventre. „ p. 88. pour chanter il faut avoir bon „ estomac — la colique est dans l'esto- „ mac. „ Lun. *lè panse.*

èstoure, à cette heure. Lun. p. 88. 91. 140.

ètémè *lo pain,* entamer le pain. p. 96. 88.

l'étodement, l'entendement. p. 96. 90. Lun. *lè jugeatte.* „ *t' n'a m' de jugeatte,* tu n'as pas d'esprit.

ettonde, attendre. p. 85. 96. 146. *en etto- dant,* en attendant. p. 85. 96. 123.

* étodi, étourdi. en B. p. 160.

ettotyï, enveloppé. p. 157. de *entortillé.*

étraindgi, étranger. p. 88. 147.

l'euch, ou *l'oeuch,* la porte. p. 146. 78. *d'euchi,* ou peut-être *d'ostium.*

euchi, sortir. de l'Ital. *uscire* le François *ussir.* p. 23. „ Si *ussit* &c. de là notre eu- chi. p. 98. En Messin l'on disoit *ucher.* „ Ils sortent, *uchont fuers.* „ v. le Voc. Austr. Le terme *issir,* p. 38. dont *issue,* est le même. Menage le dérive avec *uscire* de *exire.* à Ven. *insir.* Voilà donc *exire, uscire, insir, issir, ussir, euchi, ucher*. Au reste de *euchi* vient *euch*, ou *oeuch*, la porte. en Ital. *ufcio*. en Rum. *ifch*. M'. Bullet est d'une opinion différente. Il trouve la racine de notre terme dans le Celt. en B. B. on dit *iczu*, issue, extrémité, fin, succès, de là *iffir* & *ufcir*. Quoiqu'il en soit, *d'ufcio* vient encore l'ancien *huis*, de là *huiffier*.

èveni, arriver. du Lat. *evenire*. p. 145.

èveule, aveugle. p. 88. 96. 162.

èvirò, environ. p. 96. 128.

èvò, *èvòn*, avec. p. 88. 131. Prov. *eme*.

èvoiyi, *èvoayi*, éveillé. p. 94. 98. Lun. *ravayi*.

évouaïè, éveillé. p. 95. 98. 148.

èvouyi, envoyer. p. 93. 136.

eute, *oeute*, huit. p. 95. 109. Lun. *yeute*. Prov. *hieuch*.

èvu, eu. p. 111. Venit. *abùo*, it. *abù*. Toscan *avuto*. du Lat. *habitum*, *avuto*, *abùo*, *abù*, *èvu*, *eu*.

euvrè, ouvrir. Lun. p. 163. cette transmutation de *ou* en *eu* doit être remarquée p. 94. au B. de la R. *denviè*.

il fà, il faut. p. 89.

lè fà, la faux. p. 89.

fàchi, faucher. Lun. p. 89. Qui pro quo, ,, je l'ai cruellement *fauché*. ,, (pour *fâché*.)

færbe, couleur. *færbè*, teindre. p. 148. de l'All. *farbe*, *færben*.

faichin, fagot. du Lat. *fascis*. l'Ital. *fascina*, le Ven. *fassina*, le Franç. *fascine*, de là *faichin*. p. 88. 98.

in faïhan, fehan, un faisan. Bullet dérive le mot *fehan* de *bychan*, petit.

fairine, farine. p. 88.

lo fane, la feuille. terme de jardinage. v. le D. de Trév.

il fâra, il faudroit. p. 89. 116.

fâte, faute. p. 89.

fâvatte, fauvette. p. 89. Lun. *mousse en hayie*.

fechtin, festin. p. 98. 85.

fédgére, fumée. Lun. *f'meïe*.

féïe, fille. *mè féïe*, ma fille. p. 98. 151. à Paris on dit *fye*. Lun. *bacelle*.

* *feigne*, fine. en B. p. 159.

lè fenne, Lun. *feune*. la fourche de fer.

feù, fils. p. 127. Lun. *fieù*. terme usité autrefois. v. le D. de Trévoux.

feuchtéïe, flatter. p. 146. 148. apparemment de *fechtin*.

lo feue, le feu. p. 126. 148. Lun. *feuyë*.

fèyé, faites. p. 99. Lun. *fayé*.

féyine, marte. p. 149.

flairè, *fiarè*, puer. de *flairer*, fentir. p. 98. 89. 163. en B. Bret. *flæryet*, puer. v. le D. de Roftrenen. *flaer*, mauvaife odeur, *flaerus*, d'une odeur fuave, *flaeryus*, puant. v. Bullet.

lo fiant, la taupe. Lun. *lo fouyant*. de *fouyi*, fouiller, labourer à la bêche. p. 98.

lè fiaoue, la fable. p. 161. On dit: „bot! „c'a lè *fiaoue* di rouche couchon (pou- „ché)„ pour reprendre quelqu'un de ce, qu'il debite un conte mille fois rebattu.

fiave, foible. Rum. *fleivel*. Ital. *fiacco* du Lat. *flaccus*.

do fié, du fer. p. 93. Lun. *di fár*.

fiérin, florin. p. 98.

fieù, Lun. *fiù*, & *fûe*, dehors, item hors, hormis... autrefois *fors* de *foris*. p. 124. Prov. *foüéro*, Efp. *fuera*. du temps de H. Etienne (Gr. Gall. p. 76.) l'on difoit „allez *fors*„ allez dehors. Item „je „ferai tout *fors* que cela„ hormis cela.

lo fièvé, le fléau pour battre les grains. p. 98.

fieutò, fifflet. Lun. de *flute*. p. 98. 95.

lo fiù, le filleul. p. 98. Lun. *fiò*.

filére, (quafi *filière*.) araignée. Lun. *airaigni*.

fin, fumier. R. de la R. *fiens*, comme en

Lorraine. de là *fiente. fumier* est corrompu, comme *prumier* pour *premier*. Bullet croit que *fimus* vient du Celt. *fiens*. Lun. *fromera*.

fin, fin. Bullet le croit Celtique, & en dérive *finis*.

tôt fin d'mâme, tout à fait de même. Au XVI siecle on disoit à Paris: „Tout *fin* neuf,, tout à fait neuf. v. H. Etienne (Hyp. de L. G. p. 211.) *fin* signifie parfait, entier. v. le Gloss. des poés. du R. de N. Dans Pathelin p. 94, il y a: „il est *fin* fol,, il est tout fou, & dans Coquill. p. 16. „*sailly du fin fonds* d'une estable.,, en Bourg. p. 160. il y a „le „*fin fon* de lai roulôte.,,

lè finasse, la finesse. p. 89.

fiour, fleur. p. 98. 91. Poés. du R. de Nav. *flour*. Prov. & Gasc *flou*.

fiuta, sifflet, flûte. *fiutè*, siffler.

lè f'neutte, la fenêtre. p. 96. Lun. *lè fenête*.

in fó, foue, un fou. p. 136. Lun. *nice*.

foàrè, ferrer. p. 94. 89. Lun. *farrè*.

foddu, fendu. p. 90. 96.

folè is pids, fouler aux pieds. p. 94. Chateill. S. Matth. 5. *fòller*.

lè fomme, la femme. p. 90 & 103. Lun. *le fâme*. Prov. *uno fremo*.

fonre, fendre. p. 90. 96. Lun. *fenre*. de là de plaisants qui pro quo, par ex. „ la „ cloche est *fondue*, il la faut *refendre*. „

do f'rmont, du froment. p. 99. 90. Lun. *di bié*, du blé.

do f'rmaidge, Lun. *di froumaige*, du fromage. p. 99. autrefois *formage*, de *forma*, comme *formaggio* en Ital.

lo fosseû, la pioche large, pour vuider les rigoles des prés. Il y a du rapport avec *fossoyer* & *fossoyeur*.

fou, fois. *enne fou*. une fois. p. 141. 94. Lun. *foué*. p. 161. *lè fou-là*, alors. p. 136.

fouauche ou *maçon*, masson, oiseau.

lè fouauche, la fourche de bois. p. 96. 94. v. *lè fènne*.

fouâdchi, fâché. p. 90. 95. 137. Lun. *faichi*.

lo foue, le fou. p. 136. v. *fô*.

enne fouïatte, une feuillette. p. 91. 89. 98.

lè fouléïe, la folie. p. 94. 136. en Gasc. *foulie*. p. 51.

fouò, fort. p. 95. 96. 146. Lun. *fôrt*. Prov. *fouër*.

lo fouoch, le four. p. 94. 98. Lun. *lo foch*.

fouoche, force. 148. 94. 98.

fouochi, forcer.

do fouon, du foin. p. 94. 131. Lun. *di foin*.

lo fouonée, le fourneau. p. 94. 96. Lun.
lo fonné.

fouotchatte, fourchette. p. 94. 89. 87.
Lun. *fourchatte*.

lè foure, la foire. p. 94. Lun. *lè fouéré*.

fourné, étourneau. Lun. *fanfonné*.

enne fouye, une feuille. p. 98. 129. Lun.
fouiatte.

fra, frâche, frais, fraiche. p. 86. 163.

framè, fermer. p. 89. 99. 138. Lun. *fremè*,
quiaoué. tout comme en Gafcon *frem*
pour *ferme*.

Francifſe, François. près de Lun. mais
lés Françcos, les François. Lun.

lè f'rcaiſèye, la fricaſſée. p. 99. 88. 90.
Lun. *lè fricaſſaïe*.

fr'contè, ſe tromper en comptant comme
en patois Allem. *ſich verzehlen*.

freſſin, petite gale de chien. Lun. c'eſt
peut-être le Venit. *frezza*.

frointro, haneton. Lun. *bogneu*.

lo fromera, le fumier. Lun. p. 74.

Gâche, gauche. p. 89. *gâchi*, gaucher.

gachna, gachenat, garçon. p. 139. 162.
pour *garçonnet*. p. 96. 89.

gaigni, gagner. p. 88.

galiè, battre. Lun. p. 75.

gandmouſſe, *pache*, poche. p. 129. Ce terme pourroit venir de l'uſage de mettre les mains dans les poches, qui ſervent par là de *gands* — mais pourquoi *mouſſes* ? peut-être parce qu'ils ne ſerrent pas . . plutôt de *mouſſi*, ſe fourrer dedans.

gargamelle, bouche. Lun. de *gamo*, goitre en Gaſcon, ſe fait *gamelle*, grand cou, de là *grande gamelle*, *gargamelle*. v. le D. de Trév. & le D. Lang. On connoit au reſte Dame *Gargamelle*, fille du Roi des Parpaillos & mère de Gargantua dans Rabelais, dont le ſavant commentateur paroit n'avoir pas connu le mot Gaſcon de *gamo*.

gauſſe, raillerie. p. 133. de *gaudir*. du Lat. *gaudere*. *Gauſſeur*, *gaudiſſeur*, railleur, ſe dit auſſi en Bourg. Dans Pathelin. p. 141. il y a „tous vrais *gaudiſſeurs*. v. auſſi Coquillart. p. 25. Lun. *gouaille*, raillerie. Prov. *gau*, *gai*, apparemment de *gaudeo*, *gaviſus*. It. *gauch*, joye.

Giræ, Gérard.

lo gogna, le nez, Lun. v. *dotè*, de *groin*, *grogneau*, *grogna*, *gogna*. p. 96. 89.

gormand, gourmand. p. 94. Lun. *golù*, goulu.

lè gotte, la goutte. p. 94.

lè goutteure, la gouttière. p. 94. 92.
gouailles, raillerie. p. 134. Lun. v. *gauffè*.
in gouáyou, un railleur. p. 137.
lè gouodge, la gorge. p. 95. 96. 87. Lun. *lè grouatte*. ,, Teu n'meurerè m' ca, t'es ,, ca lè *grouatte* boine.
græs, gras. p. 88. 153.
græce, grace. p. 88. 122. 151.
lè graiche, la graiffe. p. 98. Lun. *lè grache*.
* *Graipeignan*, en B. p. 69. nom feint, pour dire un *efcroqueur*. en Gafc. *graupigna*, égratigner, écorcher avec les ongles.
graittè, grater. p. 88.
* *graive*, grève, l'os du devant de la jambe. en B. p. 159.
grand, long. *petit-grand*, long & mince.
gravouffe, *cravouffe*, écrevifle. Lun. *graouiffe*. Gafc. *efcrabiffo*.
* *greigne*, chagrin. en B. p. 62.
lè grenne, Lun. *greneïe*. la grange, (le grenier) en B. Bret. l'on dit *greün* pour graine. Autrefois *grenida*, grenier. v. Bullet.
greullè, *creullè*, trembler. p. 163. de *crouler*, *croller*.
gri, *griche*, gris, grife. p. 98.

grihatte, grisette. nom de cheval. p. 98. 89.

grobitche, pour *grosbec*, pinson royal.

grodè, *guerodè*, réussir. de l'All. *gerathen*.

grollè, gronder. p. 123. de l'Allem. *groll*, rancune, ou bien de *grolle*, espèce de corneilles, dont le cri est fort desagréable. Lun. *groullè*. „ *hun! lo vie groulla!* „

gros, *grosse*, grand, e. p. 147. 148.

grouatte, gorge, gosier. *de gouêtre*. p. 99. 89. 96.

dis grus, des sons. en B. B. *gruel*. v. Bullet. *gruau* en François a la même racine.

lè guærre, la guerre. p. 86. 128.

dis gueriats, *griots*, des grillons. proprement *des crieurs*. Lun. *dé griots*. On dit *guerié*, crier.

gueulè, hurler. de *gueule*. p. 163.

lè guiôre, *guioure*, l'orgueil. de *gloire*. p. 98. 94. *guiórioux*, orgueilleux, glorieux. *se guiórii*, quasi *se glorier*, se glorifier, s'enorgueillir.

hâ, *lè tête me há*, la tête me démange. Lun.

hâ, haut. p. 89. *drâ hâ*, droit en haut .. *hâ tolà*, là haut. p. 131 .. *hâte grive*, haute grive.

dis habelleréyes, des hableries, de mauvais discours. de *habla*. p. 141.

habla, hableur. En Efp. *hablar*, parler, du Lat. *fabulari*, la lettre *f* étant fouvent changée en *h*, comme dans *hijo*, *filius*, fils.

lo hadée, le pâtre. de *hærretier*. en All. *hirt*.

hádi, hardi. p. 96. *lè hádiaſſe*, la hardieſſe.

lis hærdes, les hardes. p. 88. 131.

lè hæte, la hâte. p. 86. 88. *ſe hæter* &c.

ſe hætè, ſe hâter. p. 88.. *hætè vós*. Lun. *haité f*, hatez-vous. p. 125. *hater* vient du Celt. *haſt*, qui en B. B. ſignifie *hâte*. en Flamand on dit *haeſt* & les Anglois prononcent leur *haſt* de même. en Allem. *haſtig*.

lè hainche, la hanche. p. 88.

haipe, devidoir, de l'All. *haſpel*. Lun. *terlin*.

haïr, avancer, marcher. p. 129.

Haïri, Henri.

hairiï, empêcher. p. 95. quaſi *hinrè*, de l'All. *hindern*.

hantè, fréquenter, ſe dit auſſi en François Marot Pſ. 7. *tant que terre hanterai*. En B. B. *henti* ou *hantein*, fréquenter, de *hent*, chemin. v. Pelletier & Bullet.

lè hauoue, Lun. *haoué*, la pioche, de l'All. *die haue*.

hayant, actif, alerte, remuant, ruſé, malin, de *haïr*, avancer. p. 161.

hèbit, habit. p. 88.

heudge, coffre. p. 125. dans S. Bernard il y a huge pour garde-manger. v. Spect. de la N. T. VII. p. 242. En B. B. hutcha signifie un coffre. de là en Anglois hutch; en Angevin huge, en Esp. ahuchar, cacher son argent dans une cassette; & notre heudge. à Lun. heuche est un grand coffre à mettre l'avoine & la farine.

heutchi, inviter. p. 138. heutchi au festin.

h'nà, chnà, chena, h'nache, chenache, sorcier, sorcière.

h'nò, quasi chenò, genò, genou.

hoche-cu, hoche-queue, bergeronnette, c'est qs. remuë-queue, ou remuë-cu. Lun. houche-cu.

hôdé, (comme en Picardie) las, lassé du chemin. p. 132. Trippault le dérive de ὁδὸς, chemin.

hoèrnat, frèlon.

lo hoffe, la court. de l'All. der hof.

hoiguè, garder. p. 78. Lun.

homme, ne signifie que le genre masculin & proprement des hommes mariés. De là bien des méfentendus, que surtout Mſs. les curés ont à rifquer. Lorsqu'ils disent, tous les hommes sont méchans; c'est comme s'il n'étoit point du tout question des femmes ni des garçons. Au reste, id est singulier, que dans le Polonois le terme *meſzka* (*menſchka*, notre All. *menſch*, homme) ne déſigne auſſi que le genre maſculin, ou un mari; car le genre humain ou l'homme en général s'appelle tout autrement.

l'homme de feüe, le feu follet.

hontou, honteux. p. 91. 157.

houre, heure. de *hora*, v. auſſi p. 91. Gaſc. *houró*. Rum. *hura*... *évouyï l'houre qu'il a*, donner le bon jour ou le bon ſoir à l'heure, qu'il eſt. p. 149.

hourheule, chat-huant. nom qui imite ſes cris.

hourou, heureux. en Prov. *hurouſo*.

hoyï, gronder. Lun. peut-être de *hoyau*, bezoche, inſtrument ruſtique, qui pourroit accompagner quelquefois la mauvaiſe humeur du grondeur. Ce *hoyï* ſignifie encore appeller, entendre. p. 134. 161. comme „*hoye* teu bin, ou teu „*hoye*, po teu *hoyï*. entends tu bien, „ on t'appelle pour te gronder.„ En Eſp. *oir* eſt entendre ou *ouïr*.

jà, alors.

jaque, geai. Lun.

jaouayie, volée de coups de bâton. Lun.

jecque, p. 78. v. *yecque*.

jeutte, ou *djeûtte*, juste. p. 97. 143. Lun. *jifte*.

lo jeuye, le jeu. Lun. p. 140.

l'imaidge, l'image. p. 88. à Lun. *imèche*. p. 123. v. *pâpié*.

in, inc, inque, un. p. 95. où la différence est observée. autrefois *ung*. En Rum. l'*u* se change aussi quelquefois en *i*, comme dans *pli*, plus. Dans la même langue il paroit, qu'*un* est rendu à peu près comme dans notre Patois, car on l'écrit *ün*. on y dit aussi *scadin* pour chacun. . *lis inques*, les uns.

vos ines fieù, vous sortiez. p. 131. propr. vous étiez dehors.

enne ingle, une ongle. p. 93. Lun. *enne ingue*.

dis inkiattes, des sabots (cornes du pié du cheval) item des ergots, quasi *des onglettes*, dénomination assez bien imaginée. p. 93. Lun. *onguiattes*.

io, oui. Lun. c'est l'All. pat. *jo* pour *ja*.

jo, v. *djo*.

dj'ire, t'ire &c. j'étois, tu étois &c. p. 125. 112. 141. c'est du Latin *eram, eras*. Au moyen âge l'on trouve tout de même *ert* de *erat*, il étoit. p. 16. En Gasc. *éri*, *éro*, j'étois.

Kenielle, Cunigonde, Régine, en Allem. *Kœnigin*.

Kertoff, Christophle. Lun. *Kertaïe*.

lo keubli, le tonnelier, de l'Allem. *Kübler*. Lun. *lo tonneleie*.

keurchi, casser. p. 154.

keurch-pieurre, casse-pierre, oiseau.

kiaice, *guiaice*, glace. p. 98. 88.

kiair, clair. p. 98. Lun. *kié*.. *do kiai laissée* du petit lait. Lun. *kié lacé*.

kiairi, gai. qs. *éclairé*. p. 98. 119.

kiatte, glissant, de l'All. *glatt*. p. 98.

lè kié, la clé. p. 98.

kiélè, terme de vétérinaire, de l'All. *kühlen*, *abkühlen*; rafraichir.

kieuch, cœur. p. 93. 98. 122. 157. Lun. *queuch*.

lè kieutche, la cloche. p. 98. 87. en Gallois & Bas-Breton *cloch*. v. Bullet. Allem. *klocke*.

lè kieutchatte, la clochette. Lun. *quieuchatte*. p. 81.

lo kiô ou *kiou*, le clou. p. 98.

kiôre, fermer. Lun. *quiaouè*. Ital. *chiudere*, de *claudere*. p. 98. plutôt que du Grec, comme Trippaut prétend. On dit encore en Fr. *clos*, *clorre*.. R. de la R. *closier*, portier, c'est l'Allem. *beschliesser.* Coquillart dit p. 3. „*cloëz l'œil*, fermez l'œil. Voici la conjugaison de ce verbe, (H. Etienne Gr. Gall. p. 62.) *je clos, tu clos, il clot, nous cloons, vous cloez, ils cloent* &c.

kiûe, tilleul, pour *tiûe*. p. 98 & par un changement du *t* en *k*. On rencontre une pratique contraire dans *Diadon* pour *Claudon, Claude.*

enne lâch, un amas d'eau, bourbier. de l'All. *die lache.*

ladgieu, léger. p. 89. 87. 93. 134. autref. *legier*. R. de la R. v. 10855.

lædchi, lâcher. p. 88. 87. 153.

lærò, larron. p. 88. 154.

laichi, laisser. p. 87. 98. 138. Lun. *layè.* Ital. *lasciar.* Rum *lascher*, (en François lâcher) . . . *laichi fieù*, omettre. Ven. *lassar fora.*

lo laîe, læe, le rat. Lun. lo *lò*, de *loir*, glis, rat des Alpes. p. 94. 96.

lè laie, la buse, oiseau. Lun.

lo laipin, le lapin. p. 93.

do laisée, lèsée, du lait.

laitchi, lécher. Lun. *lachi* . . . *laitchi lis dâies*, lécher les doigts.

lè laitte, la latte. p. 88.

lè lançatte, la lancette. p. 89.

lè lanternotte, le feu follet. Lun.

lè lantienne, la lanterne. p. 93. 96.

* *laquedrille*, laquais. en B. p. 159.

lè, la. article. p. 88. *lai.* Vocab. Auftr. p. 78.

léi, elle. de l'Italien.

lére, lire. p. 92. 127.

lo lét, *lée*, le lit. p. 92. Lun. *lo lèye*.

leu, lieu. p. 93. Jadis de même. p. 24. Lun. *liù*.

lè levân, le levain. p. 93 & 102. Rum. *lavont*.

lo licô, le licou. p. 94.

lis, les. p. 89. 103. C'eft fort-ancien. p. 21. 22. &c. On dit auffi *lé* comme à Lun.

lieu, leur.

lè lieuche, la herfe.

lè lieuve, fémin. le lievre. p. 102. 96. par un *e* changé en *eu*, ce qu'on peut ajouter p. 90.

liï, lier. p. 90.

lo live, le livre. p. 96.

lo, le. comme jadis. p. 24. 28 &c. On mettoit encore fouvent *li* pour *lo* ou *le*. p. 13. 15. 23. 37 &c. Prov. & Gafc. *lou*. p. 51 & 60. Rum. *ilg*. Ital. *il* & *lo*. Toutes ces particules pourroient descendre du Latin *ille*; peut-être même l'Esp. *el*, que je dérivois d'abord de l'Arabe *al.* p. 56. mais je trouve cet *el* encore dans le Venitien, & si l'on veut le puiser dans la même source, que les autres, je n'ai rien contre.

lè longue, la langue. p. 89. Lun. *lè langue*.

* *lôquance*, éloquence, en B. p. 159.

lôre, loutre. p. 97. 94.

lè losse, la tarière, pour faire des sabots.

* *lote*, leur. en B. p. 159.

lè louraïe, la soirée.

lû, lui. p. 93. 126. Lun. *lûe*. Venit. *lu*.

lè lugnote, la lunette.

lè lunette, la linotte. Lun.

luóta, éclair, lueur. en B. Bret. *luheden*, de *luhein*, briller, luire. en All. *leuchte*. Lun. *ékiair*.

lo mâ, le mal. p. 96.

macherè, barbouillè. Lun. *bronzé*. en B. *macherai*. vulg. *machuré*. de là on appelle *machurats* les apprentifs des imprimeurs, parcequ'ils sont sujets à gater les feuilles, qu'ils tirent. A Metz l'on appelle *Rois macheurés*, l'octave des Rois. En Grec μάσκη signifioit un *masque*.

de là en Italien *mafcherare* fignifie noircir le vifage à quelqu'un. v. Menage Orig. della L. Ital.

lo mærdcha, le maréchal. p. 88 & 87.

lo mæle, le mâle. p. 88. 149.

lo mærlin, efpèce de hache. (die *fpalt-axe*) Lun. *marlin*.

enne mæye, mâyie. p. 148. une écaille, de *mailie*, cercelet de métal propre à lacer, pour faire gants d'armes & de guerre &c. v. Nicot cf. p. 98. felon Bullet *maille* a pour racine *mailh* en B. Bret.

mâfait, péché, faute. pour *malfait*, autrefois *méfait*. p. 29.

lo mai, le jardin. Lun. *mé*. mot Celtique felon Bullet. *mae*, fleuri en B. Bret. & *maes*, champ, pré. En vieux François *mets*, *mès*, jardin. *amaeth*, *amafes*, prés, jardin. Coquillart p. 16. ,, un *may* planté.,,

maingdè, manger. p. 88. 87. Lun. *maingi*.

mairiaidge, mariage. p. 88. 87. 151.

Mairion, Merriò, Marie.

lè maifondge, la méfange. p. 89. 87.

lo maite, le maître. p. 96.

maitenant, mettenò, maintenant. p. 96. 128. 138.

lo maitin, mætin, metin, le matin. p. 88. 156.

Glossaire Patois Lorrain.

dè maitte, de la matière, de l'étoffe. p. 88. 133. Lun. *de l'atoffe.* p. 134.

malavrou, malheureux. p. 145. Lun. *malhouroux.* en Prov. *malhuroux.*

malève, malade. p. 88. 138. Lun. *maléde.*

lè malhoure, le malheur. p. 102.

malie, pommier. v. *cma. malie.* du Lat. *malus*, ou du Celt. *amal* ou *mal*, pomme en Gallois. v. Bullet.

malin-mala, pêle-mêle. Bourg. *maulin-maulo.* Allem. *mifch-mafch.*

mânme, même. p. 89.

manre, moindre. Lun. p. 78. Prov. *mendre*. Dans S. Bernard *mainre*. v. Spect. de la N. T. VII. p. 243.

marvouaïe, Lun. *marváïe*, merveille. p. 95. 98. En B. Bret. *marvailh*, fable, merveille, *marvailha*, s'émerveiller, *marvailhaf*, admirer, *marvailhour*, admirateur, conteur, hableur. v. Bullet. En Ital. *maraviglia.*

lo mâte, le maitre. Lun. 88. 96. 140.

matte, mettre. p. 89.

do matton, du lait caillé.

mávais, *mávaiche*, mauvais, fé. p. 89. 98. comme jadis. p. 32.

mè, ma. en B. Bret. *me*, moi, mon, ma, de là *meus* &c. v. Bullet.

médchant, méchant. p. 87.

Mèdemme, Madame. p. 88.

mègue, feulement. p. 129. en Rum. je trouve *mai*, feul, feulement. S. Marc. XII. 29. „ ilg Senger mefs Deus ei *mai* „ ùn Senger. „ & 32. „ ilg ei *mai* ùn „ Deus. „ Item 1 Cor. IX. 34 „ quels „ curren tuts, mo *mai* ùn rathfcheiva la „ pagalgia.

* *le méne*, le mien. en B. p. 160.

méneut, minuit. p. 95. Lun. *mineuïe.*

do mengou, de la bète, (beta) pour *Romain-choux*. en All. *Rœmifcher kohl, mangold.*

menme, mánme, máme, même. par un *n.* inféré, ce qu'il faut ajouter à la p. 98.

mentè, monter. p. 94. 131. 100.

mentrés, muficiens, violons. de *meneftrier*, joueur de flûte. p. 155. Lat. *meneftrator* pour *miniftrator*, furnom de Mercure. Prov. *meneftrie*. Gafc. *meneftral*, artifan. C'eft la fignification générique. De là on l'a reftreinte à dénoter des muficiens. p. 48. C'eft dans ce fens que dans les anc. Romans il y a *meneftrel*. Dans le livre de Cleomades on lit: „ *Meneftrel* „ au bon Duc Henri fui. v. Sinner Cat. T. III. p. 396. Chateillon S. Matth. Ch. 9. „ & quand il vit les *menetriers..* le Voc. Auftr. a *meneftrés*. Dans une anc.

charte Lorraine de 1223, on lit *ly meneſtrey Monſieur l'Evéque*, le joueur d'inſtrumens de M^r. l'Eveque. Donc *miniſter, meneſtrator, meneſtral, meneſtrel, meneſtré, meneſtrey, meneſtrie, menetrier, mentré*.

mentré de fontaine, lézard. apparemment quaſi ſiffleur de fontaine.

lè mére, la mère. p. 90. De *mater, matris* l'Ital. *madre*, Ven. *mare*, Gaſc. *mayre*, Franc. *mère*, Pat. *mére*, All. *mæhre*, cavalle; *more*, truie.

merkuedi, mercredi. p. 96. *u*. inféré.

m'tée, metier. p. 92. 93. en B. *meter*.

lo méton, le menton. p. 96.

meu, mieux. p. 93.

meuche, j'ſò meuche, Lun. je n'ai plus d'argent, je ſuis à ſec.

meuri, mourir. p. 161. Lun.

mèyeuri, mûrir. p. 144. Lun. *meuri*.

mi, non, pas. Lun. *me*. en Picardie *mi*. Trippault croit, que c'eſt le μὴ des Grecs; il a tort. On diſoit autrefois *mie, mye, mies*, & cela depuis le X. S. p. 14. 21. 24. 41 &c. Or la racine eſt le Latin *mica, mie*, la *mie du pain*. „Lè raiſon del „ nom n'en eſt *mies* conue„ p. 21. la „ raiſon du nom n'en eſt aucunement con- „ nue, *pas un brin* — comme en d'autres càs, *pas une goutte* — Les Italiens disent *mica*. Petrarca P. I. Sonn. 91. „*Nè mica* trovo il mio ardente desio. „ En patois All. de Strasbourg on dit *ein bræslein, bræsamlein*, mie. „I ha *nitt æ* „*bræsl* ghœrt, je n'ai pas entendu une „*mie*, je n'ai *mie* entendu, je n'ai entendu rien de tout. En Rum. on dit *nagutta*, pas une goutte. *Buc* ou *bucca* signifie *pas* dans cette langue, peut-être pour une raison semblable. Les mots négatifs *point* & *pas* ont la même origine. On s'en sert pour dire *pas un point, pas un pas*. On n'employoit ces mots d'abord, que là où il convenoit, comme „ il n'avance *pas*, pour il n'avance d'un „ *pas, passum*; il ne voit *point*, il ne voit pas même un *poinct*, *punctum*; dans la suite on s'en est servi sans distinction. Il en faut dire autant du terme *rien*, qui vient du Latin *res, rem*. H. Etienne, là où il donne les négations (Gr. Gall. p. 107.) ne dit rien de *mie*.

do miche, du petit lait.

mièle, merle. p. 93. 96. Lun. *marle*. en B. Bret. *mouaic'h*.

di mile, du miel. Lun.

lo minaidge, le ménage. p. 90. 87.

Miquéle, Michel. p. 103.

Glossaire Patois Lorrain. 235

lo mireù, Lun. *mirieu* & *miroi*, le miroir. p. 94. *mir* & *mirein* en B. B. voir, de là le François *mirer*, l'Esp. *mira*, le Rum. *mire*. de là en vieux François *mire*, un médecin, parce qu'il vient voir le malade. de là encore *miroir*, en B. Breton *mirouer*. La racine est donc Celtique selon M^r. Bullet. Dans les Poës. du R. de N. *mireors*, Rabelais *miroüoir*.

mitane, moitié, milieu. p. 126. Lun. Bourg. Prov. & Gasc. *mitan*. Esp. *mitad*. Ital. *metà*, Venit. *mità*. B. Bret. *mittain*, selon M^r. Bullet. Lat. *medietas*.

mò, mon. p. 96. Celtique selon Bullet.

mocha, moineau. Lun.

môlè, peindre. de l'All. pat. *molen*, *mahlen*.

lè môle, la moëlle.

molin, moulin. p. 94. autrefois *mola* du Lat.

lo mône, le monde. p. 96. 138. Lun. *monte*.

Môn-sieù, Monsieur. p. 103. Lun. *Monsue*. Prov. *Moussu*. Du Lat. *Senior*, l'Ital. *Signòr*, le Ven. *Sior*, le Franç. *Sieur*, le Pat. *Sieù*.

montaigne, montagne. p. 88.

lè m'nôye, la monnoye. Lun. p. 134.

moquœ, ou *moquoù*, moqueur. p. 146.

môtan, milieu. p. 148.

mot'latte, belette. Lun. *margolatte*, peut-être de *margolè*, mâcher.

lo môttée, Lun. *motteu* & *motté*, église. p. 86. 93 & 94. de *monasterium*, *monastère*, *monstier*, *moustier*, *moutier*, *mouté*, *môttée*. *monstier* se trouve dans Pathel. p. 52.

mou, beaucoup, *mou bouon*, fort bon. *mou bin*, fort bien. p. 127. *multum, moult, mout.* v. H. Etienne Gr. Gall. p. 7 & 8. Angl. *much.* Esp. *mucho* & *muy*.

in moua, un monceau. p. 145. de *amas.* p. 95. Lun. *meucha.* p. 81.

mouadi, mardi. p. 95. 96. Lun. *mairdi*.

mouâhon, *mouahô*, maison. p. 95. 98. 87. 147. Lun. *mâhon.* p. 75. 162. la racine est le Latin *mansio*.

mouâraine, marraine. p. 95. 149.

mouardchandè, marchander. p. 95. 147. Lun. *mairchandè*.

mouardchi, marché. p. 147. 87.

mouargolè, mâcher.

Mouarguite, Marguerite. p. 95. 96. Lun. *Mairguitte*, *Mairguitte*, *Guitton*, *Gotton*, *Gueritte*, *Laguitte*, *Guiguitte*.

lè mouaronde, le gouter. p. 152. de *merenda.* p. 95. 89. 90. en Lorr. & en Champ. *marande* & *marander*. En B. Bret. *merenn*, en Esp. *merendar*. La racine *meren* est Celtique suivant M^r. Bullet.

lo mouatée, le marteau. p. 95. 96.

Mouatin, Martin. p. 95. 96.

lè moude, la mode. p. 93. Lun. *lè môte*.

lo mouò, le mord. p. 95. 96.

mouoche, mouche. p. 153. Lun. *meuche*.

mouochattes, abeilles. p. 95. mouches à miel, qs. *mouchettes*. Lun. *meuches è mîle*.

in mouochée, un morceau. p. 95. 98. 90. Lun. *in mouché*.

Mouodcho, p. 99. Dimanche, Dominique, nom d'homme. Pour *Dominique* on a dit *Dimanche*, ensuite *Manche*, en patois *Mouodcho*. Dans les régiſtres des Batèmes de Barr, bourg à cinq lieues du B. de la R. on trouve plaiſamment le nom *Manche*, *Manchette*, traduit en Allem. par *Ermel*, comme on appelle la manche d'un habit.

Mouodchatte, Manchette, Dimanchette, nom de femme. p. 99. 95. 90. 149.

mouode, mordre. p. 95. 96. 154. Lun. *modiè*.

mouonin, ſinge, monin. p. 95. 94. 149.

mouonne, mener. p. 90. 94. 130. *mouèné*, *moignè*. p. 81.

mouons, moins. p. 95.

lo mouos, le mois. p. 94. Lun. *moué*. p. 128.

Mouria, *Mourya*, Negre, More. p. 93. de là le nom d'un cheval noir. p. 156.

Mouriane, Négreſſe, Moreſſe. p. 149.

Mouriche, Maurice. p. 98. 93.

lo moufée, le museau. p. 95. 149. du B. Bret. *musell*, de l'avis de M^r. Bullet. en Ital. *muso*. Ménage le dérive du Latin *musum* de *mungo*. près de Lun. *gogna*, item *meusè*. p. 205.

mouſſi, entrer, se fourrer, percer. *mouſſe toci*, entre ici dedans.

lè mouſſe en haye, la fauvette.

lè mouſſerraïe, le perce-oreille. de *mouſſi* & *erraïe*, oreille.

moutéïe, moitié. p. 94. v. aussi *mitane*.

mouyeu, mouyou, meilleur. p. 91. 98. 154.

muarquè, marquer. p. 129.

lo much, le mur. p. 98.

lo munée, le meûnier.

n, n', c'est une *n* ou *ne* de nonchalance, non de négation, qui se rencontre souvent après l'*e* muet. p. 141. 161. Ainsi se forme encore quelquefois *enne*. p. 143.

nadge, neige. p. 89 & 87. Lun. *nôge*.

nære, noir. p. 86. 94. 147. Lun. *nôre*.

naï, nayi, noyer. p. 93.

* *nainin*, non, nenni. en Bourg. p. 68. Lun. *naini*.

lè naippe, la nappe. p. 88. 125.

Glossaire Patois Lorrain.

netayè, nettoyer. p. 126. Lun.

dis neuches, des noix. p. 94. 97. 154. Lun. *di nuches*, *di neuyes*.

dis neuhattes, des noisettes Lun. p. 74.

neurri, nourrir. Lun. p. 161. Gasc. *noiri*.

neut, nuit. p. 95. Lun. *neuïe*. p. 162. Bourg. *neut*. en Messin *neu formant*, nuit fermée. v. Voc. Austr... Prov. *nuech*. Gasc. *néyt*. Rum. *noig*.

nia, nian, non. p. 123. au X. S. *neent*. p. 13. le R. de la R. a *nyant donner*, rien donner. Pathelin dit p. 116. *faict nyent* pour fainéant. v. aussi le Voc. Austras. en bon Franç. *néant* ... *nia* est peut-être pour *ni a*, non est, comme *si a*, ainsi est. p. 127.

nice, sot, sans esprit, lâche, niais. v. Oudin. *niceté*, lacheté. Coquillart p. 14. *toute bête saige ou nice*. Pathelin p. 77. *il est nice* .. Angl. *nice*, délicat, douillet.

nieuf, neuf. p. 93. Lun. *nûf*. De *novem*. Ital. *nove*, Ven. *niove*, comme *nieuf*.

nò, non, *si nò*, si non. p. 96.

lè nonnatte, l'épingle. Ne seroit-ce pas de la ressemblance de l'épingle, figure longue droite surmontée d'une tête, avec une *Nonnette*, appellée en All. *Nonne*?

nôvée, nouveau. p. 90. 128. en Gallois c'est *now*. en Latin *novus*.

nôvés-homme, (nouvel-homme) nouveau marié. La lettre *s* lie par euphonie les deux mots. Il ne faut pas recommander à ces gens le *nouvel-homme*, selon l'expression de S. Paul; quelque explication qu'on leur en donne, ils entendront toujours un homme nouvellement marié.

lo noud dè gouodge, le nœud de gorge. Lun. *lè quematte d'Adam*.

o se dit quelquefois pour *lo* par négligence. p. 125 & 146 . . *obin*, ou bien. p. 94. 137.

oche, ouche, ouch, ours. Cet *oche* se prononce fortement & du fond du gosier. p. 98 & 86. Par là c'est un terme ou son pour faire peur. Aussi voilà un conte Lorrain à ce propos. ,, Do tò qu' ,, Diù hayoit dsù tierre, il n'y aout *in* ,, homme, qu'lo vloit faire dotè. Il se ,, t'noit dære *in* buô & quò lo bouon ,, Diù paissoit, il é fait d'ains-là, *oche*. ,, Mais note Sauveu li deheù: te serés ,, comme t'é fait. Et valà comme lis ,, oches sò vnus au mône.

l'ôdge, l'orge. p. 96. 87.

l'oeu, l'oeil. p. 96. *lis oeux*, les yeux. p. 147. Lun. *lés euyes*.

oeurson, hérisson. p. 96.

oeute, v. *eute*.

Glossaire Patois Lorrain.

oï, ôï, ouïr, ouï. p. 94. 123. v. *oyï.*

l'onclin, l'oncle. p. 149.

ondchatte, robinet. p. 138. peut-être de *anche,* vase, dans lequel le vin découle du pressoir. en Gasc. *enquo.* Jean Michel de Nismes dans l'embarras de la Fieiro de Beaucaire p. 24.
„ Lou varlat en tiran de vin
„ A laissat *l'enquo* tout ouverto.

onfiè, enfler. p. 90. 98.

onfiure, enflure. Lun. e*nfiure.*

ontre, entre. p. 90. 151.

l'orine, l'urine. Lun. *lè pissatte.*

lis oryelles, ôrielles, les orgues. de l'All. *die Orgel.* p. 147.

où, d'où. p. 124.

ouaireque, pas grand' chose. Lun. *ouárec.* p. 144. pour *guère èque,* guère quelque chose, peu de chose. v. *vouère.*

Ouali, Ulric.

ouarmé, pour *pouarmé,* parmi. p. 123.

ouheu, oiseau. p. 94. 98. 148. Lun. *óhé, ouhé,* autref. *oisel.* Gasc. *áousselas.* Prov. *auzeu.* v. Mém. de l'Ac. des B.L. T. XXIV. p. 679. it. *oouseou,* Ven. *oselo,* de l'Ital. *uccello.*

ôvrè, travailler. de *oeuvre, oeuvrer.*

Q

l'ouſe, l'os. p. 93. 153.

out, eut. p. 91. comme jadis. p. 15. On diſoit encore *ot*. p. 39. & *ſot* pour *ſçût*. p. 37. Du Latin *habet* en Rum. *vet*, de là *eut*, *out*, *ot*.

oyï, Lun. *hoyï*, ouïr, entendre. Gaſc. *augi*, de *audire*. Le changement du *d* en *g* eſt fréquent en cette langue.

lo pà, le levier, la perche, de *pal*, du Lat. *palus*. p. 96. *lo pà d'fié*, la barre de fer.

pache, poche. p. 93. 161.

padeuyë, par Dieu. Lun. p. 127.

pœ, pas. p. 88. 127.

dè paf, de l'eau de vie. Lun. p. 77.

pagu, perdu. p. 89. 140.

lè paiche, la paix. p. 97. 128. B. Bret. *peoch* ou *peuch*, v. Bullet. Rum. *paſch*.

lè païaiſſe, la paillaſſe. p. 88. 98.

lo pairaidis, le paradis. p. 88.

paire-maittée, pare-maittée, pare-maintée, tailleur. qs. *pare-manteau*, Lun. *tayou*. *Parer* ſignifie ici *faire* comme en Latin. Mʳ. Bullet trouve *par* dans ce ſens dans le Gallois & en dérive *parare*.

paiſſè, paſſer. p. 88.

dè paite, de la pâte. p. 88. *in paitè*, un pâté.

lo paivé, le pavé. p. 88. Mʳ. Bullet le dé-

Glossaire Patois Lorrain. 243

rive de *pau*, pied en B. Bret. *Pave* en Anglois se prononce *paive*.

* *pálai*, parler. en B. p. 160. v. *poudlè*.

lè pale do feûe, la pelle à feu. p. 89. en L. Basque *pala*.

lo pâlle, le poêle.

le pâme dè main, la paume de la main. p. 89.

pâpié, image. p. 123. on dit aussi *hélié*, *hélyés*. de l'Allem. *heilige*, parce que ce sont souvent des représentations de Saints.

lè pâpure, la paupière. p. 89. 92.

Paulon, Paule.

paurat, pauvre petit. Lun. p. 162.

paure, pauvre. p. 125. Gascon *paure*. Prov. *pauro vido*, pauvre vie. v. aussi p. 50. 52.

lè pavoù, p. 92. Lun. *pou*, peur, de *pavor*. autrefois *paour*. Coquillart dit aussi *poureux*, peureux. Prov. & Gasc. *poou*, peur.

lè pé, la peau. p. 90. Lun. *lè queuïe*, le cuir. Gasc. *pel*. du Lat. *pellis*, *pel*, *pé*, peau.

* *pecho*, peu. en B. p. 160. du Lat. *pauxillum*, Ital. *pochetto*, Esp. *poquito*.

pédù, perdu. p. 96. 139. Lun. *pagù*.

péïeusse, *païyusse*, fille. p. 149.

peiſelle, pucelle, fille. preſque comme l'All. *Bæſel.* v. *baſelle.*

penre, prendre. p. 96. 132. comme jadis. v. le D. de Trév.

lo *pére*, le père. p. 90. Lat. *pater, patris,* Ital. *padre,* Venit. *pare,* Gaſc. *payre,* Franç. *père,* pat. *pére.*

périr, parier. de là le qui pro quo „vou-„lez-vous *périr?* „Lun. *je gouaigi,* je gage.

perlin, eſpèce de roſſignol.

permatte, p'rmatte, promettre. p. 99. 89. 131. Rum. *el amparmatet,* il promit. Lun. *preumatte.*

lo *permé*, le premier. p. 99. 125. Rum. *amparmet.*

ſe *permouonè,* Lun. *s'pourmouènè,* ſe promener. p. 97. 90. Gaſc. *permena.* en B. Bret. & en Franç. du XVI. S. *pourmenu.*

pernez, prenez. p. 99. 127. Rum. *parnez.*

perſons, préſens. p. 99. 89 ou 90. 137.

p'rſoſſe, préſence. p. 99. 90. 147.

perſottè, préſenter. Lun. *preſaintè.*

lè *peſantou,* la peſanteur. p. 91. 96. 133. Lun. *p'jainteur.* p. 134.

peu, puis. Gaſc. *pèy.*

lo *peù*, le puits. p. 95.

peuce, Lun. *píce.* p. 95. pièce. p. 92. 143. B. Bret. *pez. bouonne peuce,* aſſez long-

Glossaire Patois Lorrain. 245

temps. Poéſ. du R. de N. *pieça*, depuis quelque temps, pluſieurs fois. R. de la R. *pièce*, longtemps. Pathelin p. 2. „Il a „*aprins* à clerc *longue pièce.*„ Il a auſſi *pieça* pag. 131. item Coquill. p. 84.

peuderi, perdrix. p. 96. 130.

peuſàt, paille de pois. Lun.

peuſque, puiſque. p. 95. 139. Prov. *pueſques*.

peuſſè, puiſer. p. 95. Le mot *puiſer* n'eſt pas fait pour le Ban de la R. En voulant le prononcer en bon Franç. on y dit *piſſer*, ce qui fait de plaiſants qui pro quo.

dje pèyeunſe, nous puiſſions. p. 116. 131.

péyis, pays.

piære, plaire. p. 98. 128. Ital. *piacere*. Lat. *placere*.

piaice, place. p. 98. 88. *piaici*, placer.

piaidyï, plaider. p. 98. Ital. *piatire*.

lè piaïe, la plaie. p. 98. Ital. *piaga*. Lat. *plaga*.

piaihant, plaiſant. p. 98. 133. Lun. *gouaïou*.

lo piaihi, le plaiſir. p. 98. Lun. *piahi*. Ital. *piacere*. du Lat. *placere*.

lè piaintche, la planche. p. 98. 87. *lo piaintchè*, le plancher.

piainte, plainte. p. 98. 88. 140.

in piait, un plat. p. 98.

Q 3

pianſe, plaindre. p. 139.

lè piante, la plante. p. 98. Ital. *pianta.* Lat. *planta.*

piantin, plainte. p. 98. 89. 85. 139.

pichi, piſſer. p. 98. Lun. *pcheù.*

pichtolet, piſtolet. p. 98. 131.

lo pid, le pied. p. 92. 162. Prov. *pét.* Gaſc. *pé.*

pien, plein. Lun. *pien*, Ital. *pieno*. p. 85. 98. 156. L'*l* étant changée en *i*, il n'eſt plus néceſſaire, qu'il y ait un autre *i* après l'*e*. Bourg. *plén.*

Pierra, Pierrot, Pierre. p. 124. Lun. *Pira.*

pieurre, pierre. p. 154.

dis pinçattes, des pincettes. p. 89.

pinſeron, pinſon. p. 96.

piomb, plomb. p. 98. Ital. *piombo*. Lat. *plumbum.*

piooue, pluïe p. 98. 147. Lun. *pieuche*, *piooui*, pleuvoir. p. 98. 154. Ital. *piouere*. Lat. *pluere.*

lo piſſin, Lun. *puſſin*, le pouſſin. p. 85.

pitôt, plutôt. Lun. p. 95. 98. 161.

lè piumme, Lun. *pieumme*, la plume. p. 98. 129. 148. Ital. *piuma*. Lat. *pluma.*

in po, un peu. p. 92. C'eſt un ancien mot. v. le D. de Trév. Ital. *poco.*

polain, poulain. p. 94. 155.

pornèz, *p'rnez*, prenez. p. 99. 90. 130.

ponne, pendre. p. 90. 96. 153.

possè, penser. p. 90. 136. *possèïe*, pensée. p. 90. 157.

lè potte, la lèvre. en L. Basque *pot*, un baiser. v. Bullet. Gasc. *pot*, levre. *poutet*, petite levre, baiser pris sur la levre. En François *des lèvres potelées*.

pou, peu. Lun. C'est un ancien mot. v. le R. de la R. Prov. *poüe*. Au XIV. S. *poy*, *poay*, *pou*.

poua, pour. *tôt poua lu*, seul, propr. tout pour lui.

pouachi, par ici. p. 98. Lun. *pach*.

pouachii, percer. p. 95. 98. 148.

pouachon, portion. p. 95. 98. car le *t* a ici le son de l'*s*.

pouachonne, personne. p. 95. 89. 98. 138. Lun. *pachonne*.

pouadeye, par Dieu. Lun.

poualè, parler. p. 95. 96. Lun. *pâlè*. Jadis & encore en Normandie *pallè*. v. les Mém. de l'Ac. des B.L. T. XXIV. p. 649. La conjecture de M^r. Bonamy (ib. p. 627) me paroit bien vraisemblable, que ce *pallè* vient plutôt de *pello* (d'où *appello*, *compello*) que de *parabolare*.

pouârain, parrain. p. 95. 88. 149.

pouarmê, parmi. p. 95. 123.

pouarotaidge, parenté. p. 95. 87. 141.

lè pouarperelle, pourperelle, porperelle, parperelle, la petite vérole, la pourperelle. en All. d'Alf. *parpeln.* Lun. *porpeluche.* p. 74.

lè pouat, la part. p. 95. 96. 143. Lun. *lè pairt, è poua*, à part. p. 138.

lo pouateù, le trou. de *pouachi*, percer. Lun. *pequier.* v. *boeteù* . . *lis pouateùs do né*, les narines.

pouatèye, partie. p. 95. 96. 90.

pouatot, partout. p. 95. 96.

pouatyï, partager. p. 95. 96. 143. 152.

pouché, pourceau, cochon. Prov. *poché* . . *pouchion*, cochon de lait. p. 90. 86.

pouchi, pêcher. p. 90. 86. Lun. *pachî* . . *pouchri*, pêcheur, oiseau. p. 90. 86. Lun. *pachou. poucherou*, petit pêcheur, oiseau . . *pouchou*, pêcheur, homme. p. 90. 91. 86.

pouchon, poisson. p. 94. 98. v. le Voc. Austr.

pouchtant, pourtant, comme *âchtant*, autant. p. 89. 128.

pouie, poulet. Esp. *polla, polluela* de *pulla*. *pouïe de buos*, gelinotte. *enne pouïatte*, une poularde.

lè pounelle, la prunelle. p. 96. 95.

lo pouò, le poil. p. 94. 149.

lo pouô, le porc, le cochon. p. 95. 96. 153. Lun. *pouché*. comme on ne connoît pas le terme de *cochon* au B. de la R. il est déjà arrivé, qu'en parlant François, on l'a confondu avec *cocher*.

pouò, point. p. 94. Gasc. *poun*.

en pouò d'leù, nulle part. p. 125.

pouon, poing. p. 94. Lun. *poing*. in *côp do pouon*, un coup de poing.

lè pouonne, la peine. p. 91. 145. R. de la R. *poine*. Lun. *poine*.

lè pouote, la pointe. p. 94. 96. 148.

pou qué, pourquoi. p. 95. 94. 128.

s'pouquè, se porter. Lun. p. 99.

pourmis, promis, proumis, permis. p. 99. 90. Lun. *premis*.

lè pourre, la poire. p. 94. Lun. *poëre*.

pousset, poucet, petit pouce. p. 161. Lun.

poutè, porter. p. 93. 96. 130. *s'poutè*, se porter. p. 99. *bin, mâ*, bien, mal. Lun. *s'pouquè*.

poux de prête, (poux de prètre) cloporte. Pourquoi *poux de prêtres*? Peut-être de ce, que les médecins ont été clercs jusqu'au XV S. qui donnoient apparemment ces clopottes en remèdes. Le nom de *poux* leur est venu de ce qu'on leur supposoit quelque ressemblance avec cet insecte.. à Lun. & en Champ. on les nomme *pouchés d' St. Antoine.* par allusion aux cochons, que ce Saint eut autour de soi dans son hermitage.

prat, prèt. p. 89. 131.

lè prátche, le prèche, le sermon. p. 89. 87. 102.

lo prâtchou, le prédicateur. p. 89. 87. 91.

pré, près. p. 90. Lun. *conte.*

pré, prix. p. 92. en Bourg. *prei.* p. 65.

préque, presque. p. 97. Lun. *quaisi.*

préyi, prier. p. 133.

lè prihon, la prison. p. 98. Tosc. *prigione*, Venit. *prison.* Franç. *prison*, pat. *prihon.*

ptiat, *ptiatte*, petit, petite. Lun. p. 139. 161. au B. de la R. *ptirat.*

pû, plus. *pûtôt*, plutôt. p. 96.

quaisi, Lun. presque. du Lat. *quasi.* p. 124.

lo quarre, le coin, l'angle. p. 67. Gasc. *cayre.* du Franç. *quart*, d'où vient, aussi équerre.

* *quatei*, quartier. p. 96. 159. en B.

que, *quée*, quel, quelle, quoi. p. 96. 108. 128.

* *quei*, qui. en Bourg. p. 65. Rum. *chei*, quoi.
* *queman*, recommande. en B. p. 160.

qu'mandè, commander. p. 133.

quéqu'inque, quelqu'un. p. 96. 95.

quercelle, crecerelle. p. 99.

dè quercellerèïe, gens de néant. peut-être de *garce*.

querioux, curieux. p. 149. Lun. *couriou*.

queryï, crier. p. 146.

queuch de buôs, petit rameau d'arbre. peut-être du François *écot*, ou de *queue*. v. auſſi *branſe*... *queuchatte*, toute petite branche.

quiaouè, fermer. Lun. v. *kióre*. p. 140.

quiboulè, renverſé. Lun.

quicambóle, culbute. Lun.

* *quinquenelle*, répit de cinq ans. p. 159. *faire lè quinquenelle*, tomber en décadence. p. 159.

quinze, quinze. p. 85.

quò, quand. p. 89. 96.

quoante, combien. *quoante houre*, quelle heure. R. de la R. *quantes*. Gaſc. *quant*. Eſp. *quanto*. autref. *quantesfois*, combien de fois. v. Rob. Et. & Nicot. Martial T. I. p. 229. *Quants hommes*, *enfans*, *quantes femmes* — combien d'hommes, d'enfans & combien de femmes. Dans H. Etienne (Gr. Gall. p. 74.) *Quant bien y a il*, pour combien y a-t-il? Coquillart p. 140. *quantz ans*, combien d'années?

di quoetches, coitches, Lun. *di quoèches,* des prunes. de l'Allem. *zwetſchen,* en patois *quetſchlen.. quoetſchéri, coitchéri,* prunier. Lun. *quoechié.*

quoète, quatre. p. 95. 88. 96. 109.

quoichè, cacher. p. 145. Lun. v. *couaidchi.*

quoire, Lun. *quouër.* p. 126. chercher. de *quaerere,* querir. autref. *querre, quierre,* v. Bullet. it. les Poéſ. du R. de Nav. & Pathelin.

lo Rà, le Roi p. 94. 136. Lun. *lo Royë.* Gaſc. *lou Rey.*

in Rábi, un Rabbin.

ræære, rare. p. 88. 123.

lè rætte, la ſouris. p. 88. 149. Eſp. *raton* & *ratoncillo.* Gaſc. *ra,* rat, ſouris.

raffe, aigre. Lun. p. 145.

lè rahon, la raiſon. p. 93. 98. 75. du Lat. *ratio,* l'Ital. *ragione,* le Ven. *raſon,* de là *raiſon* & *rahon.*

raichtè, Lun. *raichti,* racheter. p. 86. dans les Poéſ. du R. de N. *rakater.*

lè raidge, la rage. p. 87.

*r*aine, Lun. *guernaïe*, grenouille. du Lat. *rana.* p. 88. Bullet le dérive du B. Bret. *ran*, grenouille. Villon. „*Raines*, cra„pauds & bêtes dangereuſes.

Raïne, Reine. en Lat. *Regina.*

*r*airouhè, *r*airouchè, aiguiſer. p. 126. v. *errouhè*, peut-être ſimplement de *aiguiſer, rai-uiſè*. p. 97. *rai-uihè* p. 98. *rairouhè*.

*lo r*aiſeù, Lun. *raiſoi*, le raſoir. p. 94. en Meſſin de même. v. le Vocab. Auſtraſ. à l'XI S. *raſur.* p. 18.

*lo r*aiſin, le raiſin. p. 85. 44. Lun. *rahin*. p. 98. 145.

*r*amoulè, aiguiſer. Lun. *ramoulatte*, pierre à aiguiſer.

* *ran*, rien. en B. p. 160.

enne ran, une étable à pourceaux. p. 153.

*r*avayiè, reveiller. p. 89. 98. 164.

*r*avære, revoir. *ravoitant*, regardant, conſidérant.

*r*eccouſè, accuſer. p. 95. par une *r* préfixée, ce qu'il faut ajouter à la page 96.

*r*èche, reſte. p. 87. 97. 98. 130.

*le r*echtel, le rateau de champ. de l'Allem. *der rechen.* Lun. *lo rètiá.*

r'chtoppè, refermer. p. 139. du mot *étouper*. p. 89. 97. 94. en All. *verſtopfen*.

recuodè, accorder. *r* préfixée. *u* inseré. & puis p. 96.

rèdjoyï, réjouir. p. 87. 94. 138.

refousè, refuser. p. 95.

regransi, allonger. v. *grand*.

règuia, *rèkia*, roitelet, oiseau. En L. Basque *reguea*, roi; en Gallois *rhag*, *rhig*. L'on trouve dans Bullet une harmonie surprenante des langues à l'égard de ce terme. Lun. *rasota*.

* *rejannai*, contrefaire par manière d'insulte le son & la voix de qq. en B. p. 159. du Latin *regeminare* pour *ingeminare*.

reimbiè, Lun. *roubliè*, oublier. p. 125. 130. Je trouve *rambrerez*, abus, erreur, égarement d'esprit, en B. Bret. v. de Rostr. & Bullet. C'est au moins un terme analogue. L'un & l'autre a du rapport avec le Grec ῥέμβειν, être vagabond, indécis, inconstant. Marc Aurèle dit bien ψυχὴ ῥέμβος, anima vaga, ame inconstante. Je ne sai, si le Gascon *bremba*, souvenir & *debremba*, oublier, n'a pas quelque rapport avec notre terme. Il est vrai, qu'il faudroit dire *debrembier*, mais la nonchalance, que n'a-t-elle fait d'altérations dans les langues?.. Peut-être *reimbiè* vient-il simplement de *roubliè*. Trippault explique *reimber* par ῥέμβειν, irriter..

rémeſſè, ramaſſer. p. 88. 156.

in *r'næ*, *renai*, un renard. p. 92. 96. 88. 143. Lun. *r'nâ*.

r'pæ, repas. p. 88.

r'perſottè, repréſenter. p. 99. 96. 89. 141.

repodde, répondre. p. 96. 143.

reppyï, remplir. p. 96. 98. 139.

repreuche, reproche. p. 141.

lo *r'tée*, le rateau de jardin. Lun. *lo retiâ*. p. 90. 89.

retò, retour. p. 94. 96. 133.

rettihè, attiſer. p. 126. Lun. *charbonnè*.

revére, rivière. Lun. *revire*. p. 161.

* *revirè*, retourner. en B. p. 160. de *virer*, tourner.

r'voïn, *r'voyin*, regain. En Normandie *revoin*. ſelon Ménage pour *refoin*, ſecond foin. Lun. *regain*. Ainſi *foin*, *refoin*, *revoin*, *revoïn*, *regain*. p. 97.

rèvouayir, reveiller. p. 95. 96. Lun. *revayï*.

ridæye, ridée. p. 90. 148.

lis *rielles*, le petit chariot de charrue.

lo *rige*, le crible. *rigè lo biè*, cribler le blé.

rin, rien. p. 92. Prov. *ren*. Gaſc. *re*. du Latin *res*, *re*, *ren*, *rien*, *rin*.

rincè, rincer. p. 85.

ripayïe, faire *ripayïe*, faire ripaille, faire bonne chère. p. 98. 162. Le terme tire son origine d'un vin, qui est appellé *ripaille*, & qu'on recueille dans le voisinage du lac de Genève. v. le D. de Trév.

rodge, rouge. p. 94. 147. Lun. *rôge. rodge gouodge*, rouge gorge. *lo rodge mâ*, (le rouge mal). Lun. *lè rougeôle*.

rôgne, grosse gale. Lun.

rôlè, rouler. p. 94. 69.

in Roman djas, un coq d'Inde. *enne Romane chline*, une dinde.

rône, rond. p. 96. *è lè rône*, à la ronde, autour. p. 147. 148.

lè rosaïe, rousaïe, lo rosée. p. 93 & 90. R. de la R. *rousée*. En Rumonsch l'*o* se change souvent en *ou* comme dans notre patois, on dit *patrun*, patron.

* *rossignólai*, en B. rossignolér, chanter comme les rossignols. p. 65. v. le Dict. de Trév.

rôtè, ôter. p. 81.

roubliè, oublier. Lun. p. 125. par une *r* préfixée, comme dans *rotè, reccousè, recuodè* &c.

rouche, roche. p. 93. 164.

lè rouelle, la roue de la charrue. Lun.

roussyï,

rouffyi, ronfler. p. 98. 164.

* *lai roulôte*, la ruelette. certaine rue de Dijon. p. 160.

roupe, chenille. de l'Allem. *raupe*, pat. *roupe*. Lun. *lè chenie*.

lo Roye, *Rôïe*, le Roi. Lun. p. 137.

rû, ruisseau. p. 93. 131. c'est l'ancien terme. v. Rob. Etienne & Nicot. & le R. de la R... au XII S. *rius*. p. 33. à Lun. *rigolatte*.

lis rues, les roues. p. 95. R. de la R. *roes*.

lo fà, le sel. p. 89 & 96.

lo fà, le soir. p. 94. 96. Lun. *lo sor*.

fa, fadche, sec, seche. p. 89 & 88.

Sàbeth, Sabette, Elisabeth. p. 99.

lo fablò, le sablon, le sable. p. 96. 129.

lè fœ, la palissade, la haye. en Rum. *la feif* peut-être du Latin *sepes*.

fagni, saigner. p. 88. 90. Lun. *feugni*... *fagni do né*, saigner du né. Lun. *feugni ai gogna*.

fàhon, saison. p. 98.

faidge, sage. p. 88. 87. 153. autrefois *faige*. v. Coquillart, Pathelin &c.

lo faitche, le sac. p. 88. 154. Lun. *lo sèche*. *lo faitcha*, le sachet. p. 89. Lun. *lo sèchat*.

R

do sâle, du seigle. p. 96. Lun. *di seigue*.

sambiant, semblant. p. 98. Lun.

Sareli, Sara. nom Suisse.

lè sarhon, la toux. Lun. *lè rheume*.. *sar-honnè*, tousser. peut-être de *resonner, sè resonner*, p. 98. à cause du bruit qu'on fait en toussant ; ou du Latin *screo*. Le terme mérite d'être examiné, on pourroit le prendre aussi pour une imitation du son naturel. à Lun. *teuffi*.

sâse, sauce. p. 89.

sâtè, sauter. p. 89. *sâtè dsûs in pîd*, sauter sur un pié.. *sâtè fieù*, sortir. p. 163.

sâvaidge, sauvage. p. 89. 88. 118. 148.

sâvè, sauver. p. 89. 162. *savement*, salut. Lun. C'est l'anc. terme. p. 31.

sayi, faucher. de *scier*. v. *lè seye*.

lè sayïe, la foie. p. 149.

lè scabelle, la chaise, tabouret de bois. de *scabellum*, escabeau, escabelle, qui signifie aussi chaise dans Rabelais.

lè schtorke, chtorke, la cicogne, terme Allemand. à Lun. *lè cigorne*.

scieù de buô, (scieur de bois) cerf volant, escarbot.

sè, sa. autrefois de même. v. *sè mère*. p. 35.

séchère, s'asseoir. p. 98. v. *chère*

lè séie, la sienne. p. 106. ainsi, *par la soie bonté —* dans le Roman de Guill. d'Orange. v. M^r. de Sinner p. 339.

lè selle, la chaise. en Esp. *la silla*, du Lat. *sella*.

lo selò, le soleil. p. 99. Lun. *lo soulè*.

il senne, il semble. p. 98.

sept, sept. v. un usage singulier de ce terme. p. 109.

sérevi, servir. p. 131. Lun. *sarvi*.

setti, sentir. p. 96. 132.

* *i seu*, je suis. en Bourg. p. 159.

* *seugù*, suivi. en Bourg. p. 68.

lè séye, la faucille. Lun. *facéye*. . *séye* peut-être de l'Allem. *die sæge*, la scie. Au moins dit-on *sæye* en Allem. patois, on disoit en Franç. *seyer* ou *sayer les bleds*, scier les bleds ou faucher, comme dans le Dict. de Trév. art. *seyer*. ,,Là se fauche ,,le jong, où *le blé l'on sioit*. ,, item: ,, comme celui, qui *les blés soye* . . . ,, en Gasc. *sega*, scier.

si, ainsi. en Ital. pour *cosi*, en Allem. *so.* dans Chateillon S. Matth. 2. *si* entrèrent . . .

si, sur. Lun. p. 95. 134.

si-a, ainsi est. p. 127. comme en Ital. *cosi è*.

lè fieù, la sœur. p. 93. 96.
finè, figner. p. 96. 129.
lè fingle, la fangle.
finguiè, fanglier. p. 96. Lun. *fainguiè*.
il finne, il fonne. p. 93. *il é f'né*, il a fon-
né. *f'nè*, fonner. p. 94. Bourg. *fenai*.
f'mouonnoux, p. 152. deux hommes, qui
invitent aux nôces. peut-être pour *cé-
rémonioux* ou plutôt pour *fermonnoux*,
fermonneurs. On difoit autrefois *fémon-
dre*, inviter, du Latin *fermocinari*. La
Fontaine dans fa fable du Sätyre & du
paffant dit :
„ Son hôte n'eut pas la peine
„ De le *femondre* deux fois.
fò, fon. p. 96. en Venitien on dit de même
pour le Tofcan *fuo*.
lo focy, le fouci. p. 94. 131.
lo foffiat, le foufflet. p. 94. 98. 89.
foittè, fouhaiter. p. 94. 122. 130. Lun.
fohatè. p. 73.
lo fôlée, le foulier. Lun. *fôlé*. p. 78. 94.
du Latin *folea*. autrefois l'on difoit *foulé*.
v. le R. de la R. En Meffin *follé*. v. le
Vocab. Auftraf. Bullet trouve la racine
Celtique. En. B. Bret. *fol*, *fola*, femelle
& en L. Bafque *foleta*, femelle de bottes.
Au moyen âge on difoit encore *foletus*.

Glossaire Patois Lorrain. 261

sondgi, songer. p. 87.

sons, sans. p. 89. 146.

lò soppè, le souper. p. 94. 130.

le sôppe, la soupe. p. 94.

sos, v. *zos*.

lè sou ou *s'vou*, la sueur. p. 91. 96.

lo soudaire, le soldat. p. 147. à Lun. *soudar*. p. 78. comme jadis v. H. Etienne (Gramm. Gall. p. 16.) C'est qu'on disoit autrefois *soudée* pour solde. v. les Poës. du R. de N. on dit encore en bon François d'une fille, qui fait beaucoup de bruit, *c'est un vrai soudar*. En Gascon *souldat*, soldat. Au reste on dit de même en François *cou*, col; *mou*, mol; *outre*, ultra; *voute*, voluta &c.

sountes, ceux, celles. p. 107.

lè sôraïe, la soirée. Lun. p. 94. 90.

Sousane, Susanne.

soze, seize. p. 91.

ste, ce. Lun. p. 137. v. *stu*.

* *stu*, celui. en Bourg. p. 159. Balzac disoit encore *cetui*. La racine est *iste, a, ud* en Latin. à Venise on dit *sto, sta*, & en plur. *sti* pour *questo, questa, questi* & en Esp. *este, esta, estos*.

stui, celui. Lun. p. 139. autref. *cetui*.

lè suère, la bière à fumier.

tacherand, tisserand. p. 98. & *i* changé en *a*. ce qu'il faut ajouter p. 92.

lo tachon, le taisson. p. 98.

tæ, tard. p. 88. 96. 124.

lo tæt, le toit. Lun. *lo tôt*. au moyen âge *le tect*, du Latin *tectum*.

taindis, tandis. Lun. p. 88. 139.

lo tairrée, la tarière. Lun. *lo tariï*.

lè taitche, la tache. p. 148.

taïyè, tailler. p. 98. *lo taïyoù*, le tailleur.

lo táouò, le taon. p. 95. Lun. *lò tavou*, item *tayon*.

taquè, heurter. Lun. *toquè*.

* *tarbe*, terrible. p. 88. 96. 159. ce mot a du rapport avec l'All. *derb*, dur, rude.

taſſi, tetter, sucer la mamelle. Rum. *tezzar*. *d'nè è taſſi*, allaiter.

lè taureche, la genisse. Le fem. de *taureau*, qs. *tauresse*. p. 98. *taure*, jeune vache en bon François. . de l'Hebr. שׁוֹר (schôr), le Chald. *tôr*, le Syr. *tauro*, le Lat. *taurus*, de là *taureau* . . *taur*, *taro*, *taru*, en B. Bret. v. Bullet.

lè tâye, *tâïe*, table. p. 97. Lat. *tabula*, Ital. *tavola*, Rum. *tavla*, Ven. *tola*, Prov. *táoulo*, Bourg. *taule*.

tchaſſè, *grollè*, gronder. p. 123. Lun. *hoyï*.

in té, un tel. p. 96. 133. 153.

lo téhon, le tifon. p. 92. 98.

temme, mince. du Celt. *tam*, *tem*, morceau, tranche, en Gallois & B. Bret. de là *entamer*. v. Pelletier & Bullet. Ce *temme* a auffi du rapport avec l'All. *dünne*.

dje teneuſſe, je tinſſe. de *t'ni*, tenir. p. 151. R. de la R. *teniſſe*.

tenre, tendre. p. 96. à Lun. *tenre*.

t'rmolè, trembler. Gafc. *tremoula*. du Lat. *tremo*. Lun. *greulè*, trembler de froid.

lè teuſſe, la peur, l'inquietude. Lun.

tèyi, tailler. p. 98.

tïau, tilleul. Lun.

lè tierre, la terre. p. 93. en Efp. *tierra*.

il tinne, il tonne. p. 93.

tiri, tirer. p. 90. *tiri is pouons*, tirer aux points, à la courte paille. p. 138. *tiri fieù*, fortir. propr. tirer dehors. p. 131. d'après l'Allem. *ausziehen*.

tò, tour. p. 134. Lun. p. 94. 96.

tò, ton. (pronom) p. 95. du Lat. *tuus*, l'Ital. *tuo*, le Venit. & notre pat. *tò*, le Franç. *ton*.

toci, ici. Lun. *toceù*. p. 122. Rum. *tſchou*.

tòjò, toujours. p. 94. 128.

tolù, là. en Rum. *lou*.

tôlatte, essuie-main. Lun. p. 126. de *tôle*.

tôle, toile. p. 94. 164.

tomps, temps. p. 90.

lè tone, un marteau pour briser les rochers.

lo tonnée, le tonneau. p. 90.

lo t'nère, le tonnère. p. 94.

tôouè, tuer. p. 95. 146. Lun. *touè*. p. 164.

toquè, heurter. p. 163. Lun. son naturel.

tertot, t'rtot, tout. p. 131.

tortùs, t'rtùs, tous. Lun. *tortus. t'rtottes*, toutes, autref. *trestous* & *trestotes*. v. les Poes. du R. de N. Martial de Paris dit d'Auvergne P. II. p. 17. „Le Roi a tre-„stous larrecins & pilleries bas mises. « Du temps de Henri Etienne *tretous* se disoit en patois de Paris. (Hypomn. de L. Gall. p. 210.)

tôt, totte, tout, toute. p. 93. 94.

tât, bientôt. p. 129. 131.

totpien, topien, beaucoup, tout-plein. p. 73. 139. Lun.

totchi, toucher. p. 87. 94.

træche, trois. p. 94. 98. 151. Lun. *trô*.

lo train, la paille. p. 81. du Lat. *stramen*. p. 26. 88.

trais, trait, poutre. du Lat. *trabs*. p. 88. en B. Bret. *treust, trest, trawst*.

traityi, traiter. Prov. *traite*.

trantchi, trancher. p. 87. in *trantcheù*, un tranchoir, une assiette de bois. Lun. in *tranchoi*.

tr'tottes, toutes. p. 94. 106.

lè trèvéï, traivéï, le travail. p. 96 & 102.

trinquè, s'bottè trinquè, se griser. de l'Allem. *trinken*, boire. . *trinquè*, ivre.

lo trompou, trampou, le trompeur. p. 93. 91. 100.

trop bin, trobin, beaucoup. p. 133. Lun. *tot pien*, tout plein.

lo trôpée, le troupeau. p. 90. 94. 156.

troppe, troupe. p. 94. 129.

trotchy, noisettier, coudrier v. *couóre*.

trovè, trouver. p. 93. en Prov. *trobi*. Lun. *treuvé*.

troze, treize. p. 91.

tuonè, tourner. p. 96. en Bourg. p. 63. *tuone-selò*, tournesol. Lun. *tourne-soléï*.

il vâ, il vaut. p. 89. *vâ rin*, vaurien. à Lun. de même, item *bandié*, de *bandit*.

dé vachottes, des veilles. fleurs d'Automne. Lun.

vaci, vace, voici. p. 94. 71. dans Pathelin. p. 76. *vécy*. Prov. *vaqué*.

vœre, voir. p. 94. 148. Lun. *voër*.

vaichelle, vaisselle. p. 98.

lè vaitche, la vache. p. 88. Lun. *vaìche*.

valà, voilà. p. 94. autrefois *velà*. v. Chateillon Esaj. 58.

valant-rætte, (souris volante) chauve-souris. Lun. *lè souri volant*, Gasc. *rato-peno*, souris à plumes. Dans le Dict. des Poëf. Gasc. on l'explique par *rate penade*, qui veut dire une souris, deployant ses ailes pour prendre l'essor.

válat, valet. p. 89. 130.

valè, voler. p. 93.

Valetin, Valentin. p. 96. 85.

valotté, volonté. p. 93. 141.

* *lè vareire*, la vitre. p. 68. en Bourg. Lun. *lè fenéte*.

* *lo varô*, le verrou. p. 89. 94. en Bourg. p. 68. Lun. *lo várou*.

lo vat, le vent. Lun. p. 134.

in ue, un œuf. p. 94.

véïô, *véïon*, veau. p. 93. Lun. *vayou*.

lè véne, la veine. p. 90. & en Bourg. p. 63.

veni, venir. *veni souâdchi*, se fâcher. En Rumonsch cette construction est fort en vogue. par ex. *vangir hassia*, être haï. *vangits a vangir hassiai*, vous serez haïs. S. Marc. XIII. 13.

il venré, viendra. jadis de même. p. 41. Ital. *verrà*. Prov. *vendra*.

lo ventiyon, le volet. à peu près comme en Esp. *ventana*, fenêtre. Lun. *lo volà*. p. 89.

versi, verser. *versi è bouore*, verser à boire. Lun. *j'té è boère*.

vétte, vingt. p. 96. Lun. *vingt*.

veude, vuide. p. 95. *è veude*, à vuide, pour rien. en Gascon *béyt* (prononcez *véyt*).

véyons, voyons. p. 94. au XII S. il y a *véons*, créons. p. 28. *véoit*. p. 30. 145. *véez*, voyez. dans les Poës. du R. de N. it. dans Pathelin &c.

vie, vieux. p. 147.

lo vié, le ver. p. 93.

lo vin, le vin. p. 85. 147. en Gasc. *lou vi*.

il vint, il vient. p. 85. Prov. *ven*.

violatte, violette. p. 89.

viquant, vivant. Lun. p. 142. *reviqui*, revivre. p. 77.

viyasse, vieillesse. p. 98.

vlæ-vos, voulez-vous. p. 130.

voidgi, vouadgi, ouadgi, gager. p. 90. 97. voilà un *a* changé en *oi*. à ajouter p. 89. à Lun. *gouaigi*.

lo voirée, le taureau. p. 90.

voison, gason. à peu près comme l'Allem. *wasen*. p. 97.

voisses, guêpes. p. 97. en Allem. *wespen*. Lun. *váses*. Gasc. *véspo*.

vont, vot, vò, vent. Au Ban de la Roche on appelle *vent* proprement celui, qui est opposé à la bize, par conséquent le le vent du Sud. Quand la bize siffle & qu'on dit, qu'il fait bien *du vent*, quelqu'un soutiendra, que non & que c'est *la bize*.

lo vonte, le ventre. p. 90. 96. Lun. *la vente*. p. 96.

vote, votre. p. 96. à Lun. *voute*.

enne vóte, un gateau cuit au poêlon.

lè voteure, la voute. p. 94.

* *voù*, où. en B. p. 160.

vou, voit. p. 94.

vouache, verd. p. 95. 89. 145. à Lun. *vache*.

vouâdè, garder. p. 97. 153. Lun. *vouaydier*. En Messin l'on disoit *warnement* pour *vêtement*, par ce qu'il *garantit* du froid. & *warantir* pour *garantir*, protéger. v. Vocab. Austras... en Venit. on dit encore *vardar* pour *regarder*.

penre vouâde, prendre garde. p. 130. Lun. *penre vouaydie*. autrefois *prendre varde*. v. Spect. de la N. T. VII. p. 238... *vouâdè lis pou ti.,* (*vouadli poutti*), garde les pour toi.

vouætra, geai. p. 97. on dit auſſi *djæque.* Lun. *jaque.*

vouâii, veiller. p. 95. 98. Lun. *vaü.*

lo vouaiyin, l'automne.

lo vouâle, wâle, le choix. p. 143. c'eſt le terme Allem. *laichi lo wâle*, laiſſer choiſir.

voualère, chat mâle. de l'Allem. *roller.*

vouëndel, punaiſe. mot Allem. à Lun. *peunaiſe.*

vouère, vouè, guère. p. 97. 106. à Lun. *ouâ.*

vouermeute, abſinthe. de l'All. *wermuth.*

vouète, laid. de l'Allem. *wüſte.* à Lun. *peù.*

vouïædgi, voyager. p. 88. 93. 87. *vouïædge*, voyage.

vouonderli, admirable, ſingulier. mot All.

lĕ vouone, la veine. p. 91.

lo vouore, le verre. Coquillart *voirre.* Rabelais *voyrre.* En Meſſin *woire.* v. le Vocab. Auſtraſ. . . Prov. *vori.* Lun. *vâre.*

dje vrai, te vrés, il vré, dje virons, vos viras, il vront, vrò, j'irai, tu iras &c. p. 129. 131.

vræ, vrai. p. 86. 128.

lo v'reù, lo verrou.

lè v'rooue, la verrue. Lun. *pourrau*.

dje vus, je veux. Lun. *je vûë*. ce changement de *eu* en *u* doit être remarqué. p. 92.

yec, *yecque*, quelque chose. p. 163. Lun. v. *ecque*.

Yéri, George. de l'Allem. *Jœrg*.

yonze, onze. Lun. p. 161.

zolles, elles. p. 105.

zos ou *sos*, eux. p. 92. 147. jadis *ceos*. p. 23. probablement du Latin *eos*; *chiaux* p. 35. *ciaux*. v. un vieux poëme cité par M^r. de de Sinner T. III. p. 349. *ceals*, *ceaulx*. p. 372. *ceaux*, dans les Poës. du R. de N.

lis zos-ci, ceux-ci, ceux-là. p. 138.

zute, leur. Lun. p. 134. 162.

INDEX
DE MOTS FRANÇOIS
RENDUS EN PATOIS.

à 206
abattre 207
abeille 237
aboyer 172 207
abreuver 207
abſinthe 269
accepter 207
accommoder 169 208
s'accorder 183
accorder 254
accoutumer 207
accuſer 253
acheter 168
achever 170 212
acier 168
acte. 168
actif 222
admirable 269
adreſſe 168
adroit 208
affaire 209
affamé 171 209
afin que 182
âge 168
agneau 169
Agnès 171
ah! 260
aigre 252
aiguille 171
aiguiſer 211 253

aile 170
ainſi 171 209 259
aiſe 169
aiſſeau 185
alerte 222
allaiter 262
aller 269
allonger 254
allumer 169
allure 170
alors 224
alors que 168
alouette 170
amas d'eau 227
ami 169
amphisbène 171
ane 168 177
ange 168
angle 250
anguille 170
année 171
appaiſer 171
appercevoir 204 218
apprendre 169 210
apporter 210
approcher 210
après 169 193
araignée 215
arbre 168 180
arc en ciel 191

armoir 170
arrête 170
arriver 211. 213
s'asseoir 183 258
assiette 170
assiette de bois 265
attacher 170
atteler 170
attendre 212
attiser 255
âtre 170
avaler 170
avancer 222
avant 193
avarice 170
avec 213
avent 170
aveugle 170 213
auge 168
aujourd'hui 168
avis 170
avoine 172
avoir 171 213 242
aune 171
aussi 171
autant 168
automne 269
autour 256
autre 171
autrement 171
bâiller 177
baiser 172
baisser 172
balai 185
bannière 172
Barbe 172
barbouillé 229

bardeau 185
barre 242
bas 172 174
en bas 206
bassin 172
bataille 174
bateau 174
battre 172 219
bavette 172
beau 173 174
beaucoup 236
beaupère 175
bec 172
bec épais 185
beeasse 173
becassine 173
bêche 173
béer 181
belette 235
belier 174
béni 174
bequeter 173
berceau 175
bercer 175
bergeronnette 223
besoin 174
bête 232
bête 174
beurre 174
bien 175 236
bien-heureux 176
bientôt 264
bien-venu 174
bière à fumier 261
billet 176
blanc 175
blesser 175

bie

blet 175
bœuf 180
boire 177
bois 180
boiteux 176
bon 176 177 236
bonheur 177 195
bon jour 205
bonnet 177 181
borgne 177
botte 178
bouche 180 219
boue 179
bouleau 176
boules de pierre 182
bourbier 227
bouteille 176
braire 179
braisières 178
branche 178 184
braquer 168
bras 178
bravement 178
brebis 174
brochette 179
brouette 173 179
brouillard 179
Bruche 179
bruit 179
bruler 183
buée 176
buſe 227
butin 174
cacher 189 252
caille 173 181
campagne 181
canard 177

cane 177
carème 189
caſſer 181 226
caſſe-pierre 226 181
Catherine 181
cauſe 181
ce, cette 181 182 187
celui 182 261
celui-là 171
———-ci 171
cendre 188
cerf volant 258
ceriſes 181
ceriſier 182
cervelle 181
ceux, celles 261 270
chagrin 220
chaine 194
chair 182 194
chaiſe 183 258 259
chalit 194
chambre 195
champ 195
chandelle 195
chanvre 196
chapeau 194 196
chardonneret 195
charge 194 197
charger 194
chariot 196 255
charnier 195
charretier 195
charrue 196 255 256
chaſſe 194
chaſſeur 195
chat 195 269
chat-huant 224

Index.

chaud 194
chaufer 183
chauve-souris 266
chaux 196
chemin 196
chêne 195
chenille 257
cher 196 197
faire bonne chère 256
chercher 252
cheval 198
chevet 196
cheveux 195
cheville 197
chevre 197
chevreuil 197
chez 182 197
chien 197
chienne 181
chirurgien 182
choix 269
chopine 198
chose 209 270
chouette 198
choux 197
choux aigres 169
Christman 192
Christophle 226
cicogne 258
cime 187
cimetière 182 187
ciseaux 187
civière 182 187
clair 226
Claude 201
Claudine 200
clé 226

cloche 226
cloporte 174 249
clou 226
coche 181
cochon 248 249
cochon de lait 248
cœur 226
coffre 223
coin 250
coin garni de fer 188
coin sans fer 187
combien 187 251
commander 187 251
commencer 208
compagnie 188
compère 189
mal compter 218
confier 188
connoître 187
conseil 189
considérer 211
contre 188
contrefaire 254
coq 201 202
coq d'Inde 256
coque d'œuf 185
corbeau 191
corbeille 191
corde 190
corne 190
corneille 190
cou 187
coucher 200
coudrier 191 265
couleur 214
couleuvre 190
coup 188

coups de baton 224
couper 189
la cour 223
courage 190
courbe 173
courir 191
court 190
cousin, insecte 182
cousin, parent 191
couteau 191
couter 189
à couvert 207 185
craindre 205
crapaud 192
crecerelle 192 251
crécche 192
creuser 192
crible 255
crier 179 192 251
crochet 190 193
croire 192
croitre 192
crotté 198
croute 192
cruche 192
cu-blanc 175
cuiller 191
cuire 192
cuisine 190
cuisinier 190
culbute 251
Cunigonde 226
curieux 251
d'abord 193
Dame 193
danné 193
dans 204 199

danser 193
davantage 193
débauche 198
déborder 198
être debout 186
déchiré 199
défendre 199
défier 199
dehors 215
déjà 200
dejeuner 204
demanger 221
se demener 200
demeurer 199
demi 199
dent 205
dépens 200
dépit 199
dernier 193
derrière 193
des 203
dès que 193
descendre 198
desirer 170 200
dessous 206
dessus 206
devers 206
devidoir 222
devoir 193 205
deux 206
diable 201
Didier 199
Dieu 199 203
Dimanche (nom) 237
dimanche 200
Dinde 256
diner 203

dire 199 200
dix 198
doigt 193
Dominique 237
dommage 199
donner 173 193 204
dormir 205 200
double 206
douter 205
drap 206
dur 206
eau 171 206
eau de vie 242
écaille 230
échandole 185
échauboule 181
échelles de chariot 183
éclair 229
éclairer 169
école 168 208
écorce 207
écrevisse 220
écrire 208
écritoire 208
écu 168
écuelle 189
écume 207
écureil 183
écurie 186
égarer 209
église 86 236
Elifabeth 257
éloquence 229
embarraſſant 208
embraſſer 207
empêcher 222

emplette 209
employer 210
emporté 209
en 209 211
encore 180 207 204
enfant 208
enfer 209
enfler 241
enflure 241
engraiſſer 209
enragé 211
enſemble 210
entamer 212
entendement 212
entendre 242
entre 241
entrer 238
enveloppé 212
envie 207 210
environ 213
envoyer 213
épais 185
épaule 185
épine 185 210
épingle 239
ergot 225
eſcalier 199
eſcroqueur 220
eſſaim 186
eſſuyer 185
eſſuie-main 185 264
eſtomac 212
étable 186 253
étoffe 231
étoile 186
étoilé 186

étonné 206 207
étourdi 212
étourneau 218
étranger 212
être 225
éveillé 213
eux, elles 228 270
examiner 210
expert 212
fable 215
fâcher 217
fagot 214
faire 214
faisan 214
fane 197
farine 214
fau 177
faucher 213 258
faucon 177
faut 213 214
faute 214 230
fauvette 214 238
faux 213 259
femme 216
fendre 216 217
fenêtre 216
fer 215
fermer 218 226 251
ferrer 216
festin 214
feu 214
feu follet 224 228
feuille 214 218
feuillette 217
fille 172 214 243
filleul 215

fils 214
fin 216
fin, fine 214
finesse 216
flatter 214
fléau 215
fleur 216
florin 215
flot 178
flûte 216
ma foi 176
foible 215
foin 217
foire 218
fois 217
folie 217
force 217
forcer 217
forêt 180
fort 217
fou 216 217
fouet 191
fouler 216
four 217
fourche 214 217
fourchette 218
fourneau 218
se fourrer 238
frais 218
François 218
frélon 223
fréquenter 222
fressure 181
fricassée 218
fromage 217
froment 217

fumée 214
fumier 215 218
gager 267
gagner 218
gai 226
gale 218 256
garantir 173
garçon 218
garder 223 268
gafon 268
gateau 183 205 268
gauche 218
geai 224 269
gelee 201
gelinote 184
gênant 208
gencive 200
geniffe 262
genou 223
gens 200
gens de néant 251
George 270
Gérard 219
glace 226
gliffant 183 226
gond de la porte 171
gorge 220 221
gofier 221
gourmand 219
gouter 236
goutte 219
gouttière 220
grace 220
graiffe 220
grand 221
grange 220
gras 220

gras de jambe 179
grater 220
grenouille 192 253
grève 220
grillons 221
gris 220
fe grifer 265
grifette 221
gronder 182 221 224
guêpes 268 (262
guère 269
guerre 221
habit 223
hableries 221
hableur 222
hache 230
hanche 222
hanneton 218
hanter 222
hardes 222
hardi 222
hâte 86 222
hâter 222
haut 221
en haut 206
Henri 222
herbe 197
heriffon 240
herfe 228
hétre 177
heure 224
à cette heure 212
heureux 224
heurter 262 264
hier 210
hirondelle 170
hiver 210

Index.

hoche-queue 223
homme marié 223
honteux 209 224
hors 215
hoyau 192
huit 213
hurler 221
hute 208
Jaques 201
jamais 201 203
jardin 230
javelle 201
jaune 201
ici 263
ici-bas 172
ici dedans 199
je 202
Jean 202
Jeannette 202
Jerome 203
jetter 186
jeu 203 225
jeune 203
image 225 243
inquietude 263
infecte 174
inviter 223
Joseph 203
joue 204
jour 203
joyeux 201
Juif, ve 203 204
jupe 189
jusque 198
juste 225
là 263
là-bas 172

lâche 239
lâcher 227
là dedans 199
laid 269
laisser 227
lait 227
petit lait 226 234 173
lait caillé 231
lancette 228
langue 229
lanterne 228
lapin 227
laquais 228
larron 227
las 223
latte 228
le, la 228
lécher 227
léger 227
lessive 176
lettre 176
levain 228
levier 242
leur 229 228 270
lèvre 247
lézard 184 233
licou 228
lier 228
lieu 228
lievre 228
linotte 229
lire 228
lit 228
livre 228
loger 200
long 220
lourdaut 174

loutre 229
lui 229
lunette 229
mâcher 236
Madame 232
magnificence 176
maintenant 230
maison 236
maître 230 231
mal 229
malade 231
mâle 230
malheur 231
malheureux 231
malin 222
Manchette 237
manger 230
marchander 236
marché 236
marcher 222
mardi 236
maréchal 230
Marguerite 236
Marie 230
mariage 230
marquer 238
marraine 236
marte 214
marteau 236 264
Martin 237
maſſon 217
matière 231
matin 230
Maurice 238
mauvais 231
méchant 232

meilleur 238
même 231 232
ménage 234
mener 237
menton 233
mercredi 233
mère 233
merle 234
merveille 231
méſange 230
metier 233
mettre 176 231
meûnier 238
Michel 234
miel 234
mien 232
mieux 233
milieu 235
mince 264
minuit 232
miroir 235
mode 237
moëlle 235
moindre 231
moineau 185 235
moins 237
mois 237
moitié 235 238
mon, ma 235 231
monceau 236
monde 235
monnoye 235
Monſieur 235
montagne 235
monter 232
moqueur 235

morceau

Index.

morceau 237
mord 237
mordre 237
More 237
motte 184
mouche 237
moulin 235
mourir 233
mur 238
múrir 233
museau 238
musicien 232
myrtils 179
nappe 238
narines 248
ne 209
Négre 237
Negresse 237
neige 238
nettoyer 239
neuf 239
nez 219
niais 239
Nicolas 188
nier 211
nœud 240
noir 238
noisettes 239
noix 239
nombril 178
non 233 238 239
nourrir 239
nouveau 239
nouveau marié 240
noyer 238
nuit 239
nulle part 249

oeil 240
oeuf 266
offrir le verre 179
oiseau 241
omettre 227
oncle 241
ongle 225
onze 270
orateur 260
oreille 211
oreiller 196
orge 240
orgueil 221
orgues 241
orme 191
os 242
ôter 256
où 206 d'où 241
oublier 254 256
oui 169 225
ouïr 241 242
ours 240
outil 207
ouvrir 198 200 213
paillasse 242
paille 264
à la courte paille 263
paix 242
palissade 257
paradis 242
par Dieu 242 247
parenté 248
parier 244
par-ici 247
parler 243 247
parmi 241 248
parrain 248

T

282 Index.

part 248
à part 248
partager 248
partie 248
partout 248
pas (negat) 233 242
paſſer 242
pâté 242
pâte 242
pâtre 222
pâvé 242
Paule 243
Pauline 176
paume 243
paupière 243
pauvre 243
pays 245
peau 243
péché 230
pêcher 248
pêcheur 248
pêcheur (oiſ.) 248
peindre 235
peine 249
pêle-mêle 231
pelle 243
pendre 247
penſée 247
penſer 247
percer 238 247
perce-oreille 238
perche 242
perde-bien 183
perdre 242 243
perdrix 245
père 244
permis 249

perſonne 247
peſanteur 244
petit 250
peu 241 243 246 247
peur 205 243
pic-verd 173
pie 169
pièce 181 244
pied 246
Pierre 246
pierre 246
pigeon 188
pincelle 174
pincettes 246
pinſon 221 246
pioche 217 222
piſſer 246
piſtolet 246
pitois 184
place 245
placer 245
plaider 245
plaie 245
plaindre 246
plainte 245 246
plaire 245
plaiſant 245
plaiſir 245
planche 245
plante 246
plat 245
plein 246
pleurer 179
pleuvoir 246
plomb 246
pluie 246
plume 246

plus 250
plutôt 246 250
poche 219 242
poêle 243
poil 249
poing 249
point 249
pointe 249
poire 249
pois 175 245
poisson 248
poitrine 212
pomme 187
pomme de terre 175 187
pommier 231
pompe 176
porc 249
porte 212
porter 249
portion 247
pouce 249
poulain 247
poularde 248
poule 184 190
poulet 248
pour 171 247
pourceau 248
pourquoi 249
pourtant 248
poussière 185
poussin 246
poutre 264
pouvoir 245
prêche 250
prédicateur 250
premier 244

prendre 244 247
prendre garde 268
près 250
présence 244
présens 244
présenter 244
presque 250
prêt 250
prier 250
printemps 188
prison 250
prix 250
proche 189
promener 244
promettre 244
prunelle 249
prunes 252
prunier 252
pucelle 244
puer 215
puis 244
puiser 245
le puits 244
puisque 245
punaise 269
quand 251
quartier 250
quartiers de pommes 184
quatre 252
quel 250
quelle heure? 251
quelque chose 208 270
quelqu'un 251
queue 188
qui 251
quoique 200
rabbin 252

T 2

Index.

racheter 252
raconter 210
rafraichir 226
rage 252
raillerie 219 220
railleur 220
raisin 253
raison 252
ramasser 255
rameau 251
rare 252
rasoir 253
rat 227
rateau 253 255
recevoir 210
recommander 251
refermer 253
refuser 254
regain 255
regarder 253
Reine 253
rejouer 210
réjouir 254
remercier 211
remettre 210
remise 207
remonter 211
remplir 255
remuant 222
remuer 186
renard 255
renverser 210 251
répandre 207
repas 255
repentir 211
répondre 255
représenter 255

reproche 255
ressembler 211
reste 253
retirer 211
retour 255
retourner 211 255
reveiller 255 253
revenir 211
revérence 211
revoir 253
réussir 221
ridé 255
rien 253 255
rincer 211 255
rivière 255
robinet 241
roche 256
Roi 252 257
roitelet 254
rond 256
à la ronde 256
ronfler 257
rosée 256
rossignol 244 256
roue 256 257
rouge 256
rouler 256
rue 257
ruisseau 257
rusé 222
sablon 257
sabot 225
sac, sachet 257
sage 257
saigner 257
saison 257
sali 198

salut 258
sangle 260
sanglier 260
sans 261
Sara 258
sauvage 258
sauver 258
sause 258
sauter 258
Sebastien 172
sec 257
à sec 185 233
secouer 186 187
seigle 258
seize 261
sel 257
semblant 258
sembler 259
sentir 259
serancer 196
sermon 250
serpe 183
servante 204
servir 259
seulement 204 232
siège 183 259
sien, sienne 259
sifflet 215 216
signer 260
singe 237
singulier 269
six 183
sœur 260
soie 258
soir 257
soirée 229 261
soldat 261

soleil 259
son, sa 258 260
songer 261
sonner 260
sons 221
sorcier 223
sortir 212 225
sot 239
souci 260
soufflet 260
souffre 187
souhaiter 260
souillé 198
soulier 260
souper 261
souris 252
sour-kroute 197
sous 198
Strasbourg 182
sueur 261
je suis 259
Suisse 187
suivi 259
sur 259
surnois 171
Susanne 261
table 262
tabouret 258
tache 262
tailler 262 263
tailleur 242 262
se taire 190
taisson 262
tandis 186 208 262
taon 262
tard 86 262
tarière 229 262

taupe 215
taureau 267
teigne 189
teindre 214
tel 263
temps 264
long temps 244
tendre 263
tenir 263
terre 263
terrible 262
tetter 262
tilleul 227 263
tinette 186
tirer 263
tifon 263
tifferand 262
toile 264
toit 262
tomber 183 196
tombereau 179
ton 263
tonneau 264
tonnelier 226
tonner 263
tonnère 264
toucher 264
toujours 168 212 263
tour 263
tourner 265
tournefol 265
toufler 258
tout 264 265
tout à fait 216
toux 258
traineau 184
traiter 265
trancher 265

travail 265
travailler 241
treize 265
trembler 186 220 263
trois 264
trompeur 265
trou 176 248
troupeau 265
trouver 265
truie 181
tuer 264
vache 266
vaiffelle 266
Valentin 266
valet 266
vallée 172 188
valoir 265
vaurien 265
veau 266
veiller 269
veilles 265
veine 266 269
vendre 117
venir 200 266 267
vent 169 266 268
ventre 212 268
ver 267
verd 268
verger 201
vérole 248
verre 269
verrou 266 269
verrue 270
vers 206
verfer 267
veffie 180
vicilleffe 267
vieux 267

Index.

vigneron 207
vin 267
vingt 267
violette 267
violon 232
visage 179
vite 190
vitre 266
vivre 267
Ulric 241
un, une 209 225
voici 265
voilà 266
voir 265 267 268
volet 267
volonté 266
vomir 211
votre 268
vouloir 267 270
voute 268
voyager 269
vrai 269
urine 241
vuide 267
yeux 240

lisez

p. 77. l. 13. pour ripaille — ripayïe
   78 l. 19. — sul — sut (celui)
        21. — n'ferons — n'feròm'
199. l. 7. — dedans — dans
200. — deuh! deh! — æuh! ah!
227 — lach — lach
233 mentré de f — mentré de f.

ajoutez

p. 205. *dondé, boin jo dondé*, bon jour
p. 214. *feu*, fils. Lat. *filius.* It. *figlio.* Ven. *fio.*
de là *fieu, feu.*

A STRASBOURG,
de l'Imprimerie de JONAS LORENZ.

On trouve chez le Libraire JEAN FRED. STEIN *les ouvrages suivants du même auteur.*

Miscella litteraria Argentoratensia. 4. Arg. 1770. à 2ᵗᵗ.

il y a dans ce recueil

Chrismon Diplomatis Friderici II. Imp.
Nummus Pultaviensis rarissimus.
Diss. de Nummi Romani valore. cum tabulis.
Lapidis Graeci Metensis expositio.
Rhythmologia Leonina ex Godefrido Hagen. locupletior.
Biblicorum Codicum Hebraeorum MS. Argentinensium succincta recensio.
Fragmentum epitaphii Hebraici.

Museum Schoepflini. T. I. Lapides, Marmora, Vasa. 4. Arg. 1773. c. fig. tabb. à 7ᵗᵗ.

le second Volume paroîtra sitôt que le premier sera débité.

Jungendorum marium fluviorumque omnis aevi molimina. 4. Arg. 1771 sq. à 1ᵗᵗ. 4ˢ.

Ces mémoires seront continués.

Tabulae Rituum Romanorum. 8. Argent. 1774. à 12 sols.

15

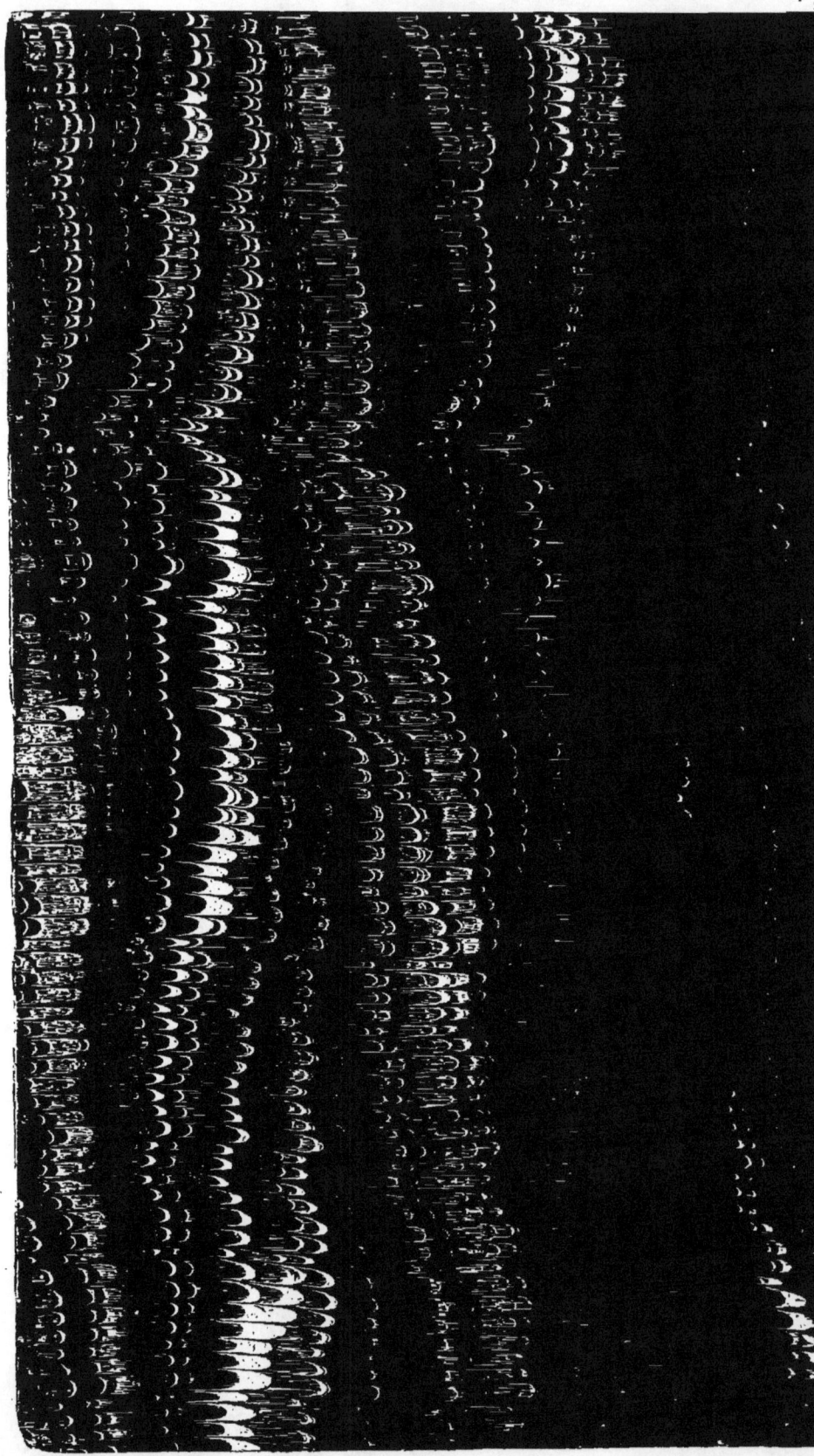

www.ingramcontent.com/pod-product-compliance
Lightning Source LLC
Chambersburg PA
CBHW071347150426
43191CB00007B/876